AF645528

In der frühen Mondforschung hielt
man die dunklen Tiefebenen
des Mondes für Meere (lat.: *Mare*)
und beschrieb sie deshalb mit
maritimen Begriffen.

Nach Aufzeichnungen von
ENZO G. BENVOLIO (1742–1795)

– Student der Lehren nach G. B. RICCIOLI (1598–1671),
Namensgeber der Mondmeere

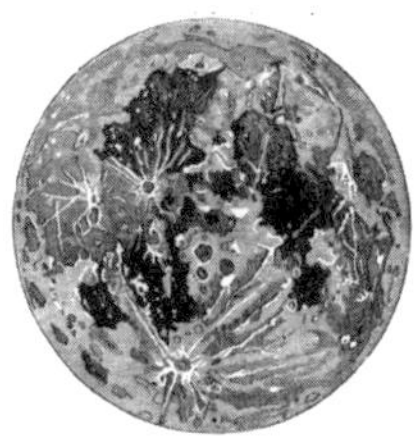

»Wenn du einmal die Meere des Mondes besucht hast, wirst du nie mehr dasselbe sein. Denn du wirst ein Stück von diesem Ort in dir tragen. Ein Stück von dieser anderen Welt.«

Enzo G. Benvolio
über die Meere des Mondes

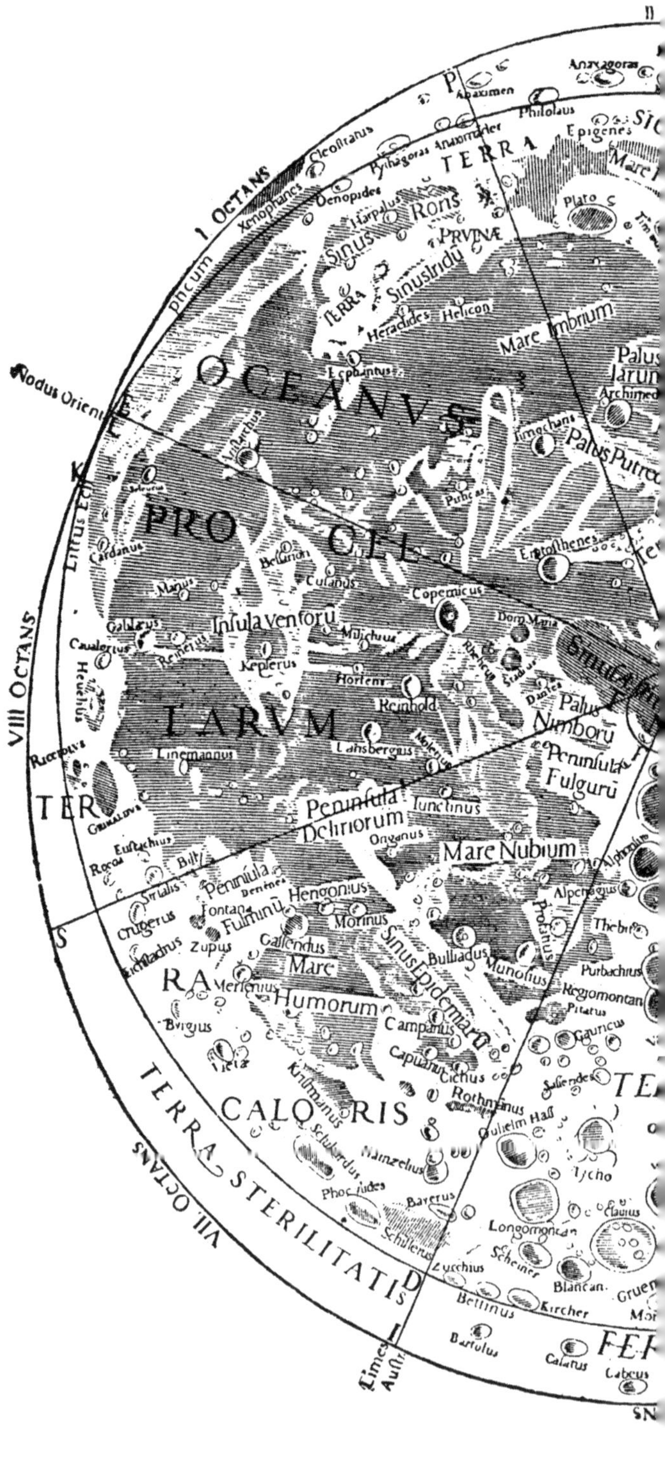

I OCTANS
VIII OCTANS
VII OCTANS
Nodus Orient
Anaxagoras
Anaximen
Philolaus
Epigenes
Cleostratus
Pythagoras
Anaximander
TERRA
Xenophanes
Oenopides
Harpalus
Rorıs
Sinus
PRVINÆ
Sinus Iridu
TERRA
Heraclides
Helicon
Plato
Mare Imbrium
Palus
Archimed
OCEANVS
Aristarchus
Timochans
Palus Putred
Seleucus
PRO
CEL
LARVM
Littus Ex
Cardanus
Bellarion
Cusanus
Marius
Eratosthenes
Copernicus
Insula ventoru
Galilæus
Cavalerius
Reinerus
Keplerus
Milichius
Hevelius
Hortens
Reinhold
Dantes
Palus
Nimboru
Riccıolus
Linemannus
Lansbergius
Peninsula
Fulguru
TER
Grimaldus
Peninsula
Deliriorum
Iunctinus
Mare Nubium
Eustachius
Rocca
Billy
Peninsula
Fulminu
Hengonius
Alpetragius
Crugerus
Fontana
Morinus
Thebit
Gassendus
Sinus Epidemiaru
Bulliadus
Purbachius
Regiomontan
Zupus
Mare
Humorum
Mersenius
RA
Campanus
Gauricus
Vieta
Capuanus
Cichus
Sasiendes
TERRA
CALORIS
Rothmanus
Schikardus
Hainzelius
Tycho
Phocylides
Bayerus
Schillerus
Longomontan
Clavius
Zucchius
Scheiner
Blancan
Bettinus
Kircher
Bartolus
Calatus
Cabeus
TERRA STERILITATIS
Limes Austr

Fig. 01 Mondkarte der sichtbaren Mondscheibe nach G. B. Riccioli, welche 1651 in seinem Buch Almagestum Novum veröffentlicht wurde.

Robert Steinmüller

Die *Meere* des Mondes

Eine fiktionale Entdeckungsreise

REISEDEPESCHEN

Inhalt

Nord-Westen

Ozean der Stürme *16*
(Oceanus Procellarum)

Regenmeer *20*
(Mare Imbrium)

Inselmeer *24*
(Mare Insularum)

Meer der Kälte *28*
(Mare Frigoris)

Nord-Osten

Meer der Dämpfe *36*
(Mare Vaporum)

Meer der Heiterkeit *40*
(Mare Serenitatis)

Meer der Gefahren *44*
(Mare Crisium)

Schlangenmeer *48*
(Mare Anguis)

Süd-Westen

Meer der Feuchtigkeit *56*
(Mare Humorum)

Wolkenmeer *60*
(Mare Nubium)

Süd-Osten

Meer der Ruhe *68*
(Mare Tranquillitatis)

Nektarmeer *72*
(Mare Nectaris)

Meer der Fruchtbarkeit *76*
(Mare Fecunditatis)

Nachwort *86*
Index *90*
Bildverzeichnis *92*
Impressum *96*

Nord-Westen

Ozean der Stürme
(Oceanus Procellarum)

Regenmeer
(Mare Imbrium)

Inselmeer
(Mare Insularum)

Meer der Kälte
(Mare Frigoris)

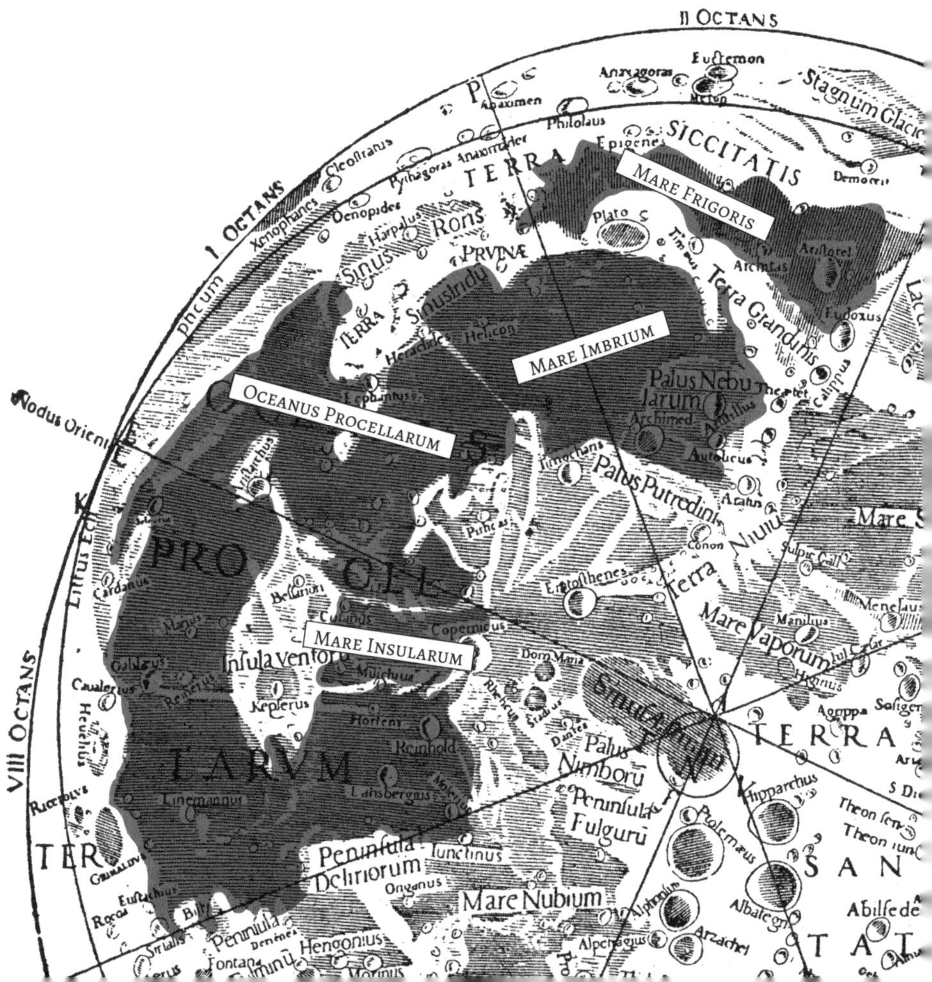

II OCTANS
I OCTANS
VIII OCTANS
Nodus Orient
SICCITATIS
TERRA
Mare Frigoris
Mare Imbrium
Oceanus Procellarum
Mare Insularum
Plato
Palus Putredini
Mare Vaporum
Mare Nubium
Copernicus
Insula ventoru
Peninsula Deliriorum
Peninsula Fulguru
PRO
CEL
LARVM

Ozean der Stürme

(Oceanus Procellarum)

Ø 2 600 km | ↓ 2,6 km | ◇ ca. 2,9 Mrd. Jahre

Beschreibung Der Ozean der Stürme ist das größte Mondmeer und trägt daher den Namen ›Ozean‹. Er ist so groß und imposant, dass man sich kaum vorstellen kann, was jenseits seiner Ufer liegt. Seine Größe erstreckt sich vom kalten, stürmischen Norden bis hin zu gemäßigten, aber feuchten Breiten weiter südlich, wo er per Wasserbrücke an das Wolkenmeer und Meer der Dämpfe grenzt. Das Inselmeer wird vom *Mare Procellarum* förmlich eingekesselt. ¶ Charakteristisch sind die kalten, stürmischen Nordwinde, welche auch die Strömungen von Nord nach Süd begünstigen. Wo sich das Wasser erwärmt und sich die Strömung verlangsamt, steigt die Verdunstung über dem Wasser – es bilden sich Wirbelstürme, bei denen viel Wasser zu Schaum aufgepeitscht wird und riesige Wellen gegen die Küsten brechen. Im Norden können sich je nach Wetterlage am Übergang zum *Mare Imbrium* erste Eisschollen bilden, die manchmal mit den Strömungen bis weit nach Süden getrieben werden, ehe sie schmelzen. Der Ozean ist von weiten Ebenen umgeben, und seine Buchten bieten ruhige Rückzugsgebiete im Windschatten der Uferzonen.

Flora & Fauna In den kalten ruhigeren Gewässern der Buchten sind oft kleine Quallen in großen Schwärmen zu finden. Die Ausläufer der Strömungen treiben sie kilometerweit, bevor sie in die ruhigeren Buchten gespült werden. ¶ Sie ernähren

Harding
SINUS IRIDUM
Mairan
Promontorium
Heraclides
Mons Rumker
OCEA
Naumann
C. Herschel
Gruithuisen
Heis
Lichtenberg
Delisle
Diophantus
Euler
Krafft
T. Mayer
Milichius
Olbers
INSULA
Kunowsky
GRIM
Euclides
MONTES RIPHAEUS
Rocca
Herigonius
Agatharchides
DARWIN
Rima
de Vico
Mersenius
MARE
Henry
Freres
Henry
Liebig
Hippalus
Byrgius
Cavendish
HUMORUM
Palmieri
Doppelmayer
Vieta

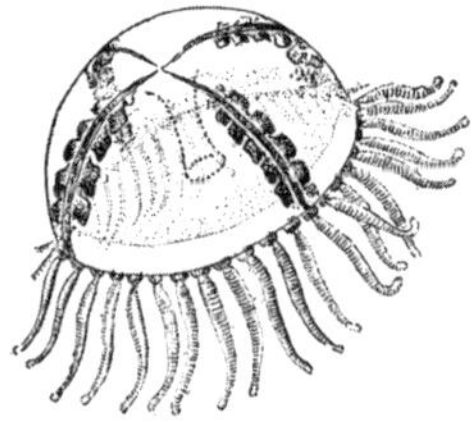

Fig. 02 Quallen sind gesellige Tiere, die in riesigen Schwärmen leben und im Zuge ihrer Wanderungen große Distanzen zurücklegen können. Mondnachts sieht man die Schwärme an der Oberfläche leuchten.

sich von winzigen organischen Partikeln, was sie zu einem wichtigen Bestandteil des filigranen Ökosystems macht. Bei Nahrungsknappheit fressen sie allerdings auch die Überreste ihrer Artgenossen. ¶ Die Nadelwälder in den Ausläufern des südlichen Ufers sind ein einzigartiger und wichtiger Teil der Landschaft. Dank der hohen Luftfeuchtigkeit können die Bäume hier hoch und stark wachsen. Sie haben robuste Stämme, die selbst den stärksten Winden standhalten. In den Hochebenen findet man zudem Silbermoose, welche an den Ästen hängen und sich fein verzweigt mit den Nadeln im Wind wiegen. Sie filtern die Luft nach Nährstoffen und Wassertropfen. Das hilft ihnen, in der rauen Umgebung zu gedeihen. Hinter den Bergketten am *Mare Humorum* ist dieses ökologische Gleichgewicht zusammengebrochen und hat das beschriebene Moor ausgebildet.

Fig. 03 Der Muschelfuß stellt ein Graborgan dar, mit welchem sich die Muscheln im Sand eingraben oder fortbewegen können. Bei vielen Arten ist der Fuß zurückgebildet.

Besonderheiten Die Quallen des Ozeans haben biologische *Lumineszenz* ausgebildet: Sie leuchten im Dunkeln. In der Mondnacht kann man kilometerlange leuchtende Schwärme im Wasser beobachten. Manche halten dies für einen Trick der Natur, damit sie ihre Artgenossen im dunklen und kalten Wasser besser finden können. Vielmehr ist es jedoch eine Schutzfunktion in der Gruppe, durch welche sie abschreckender wirken und somit weniger gefährdet sind.

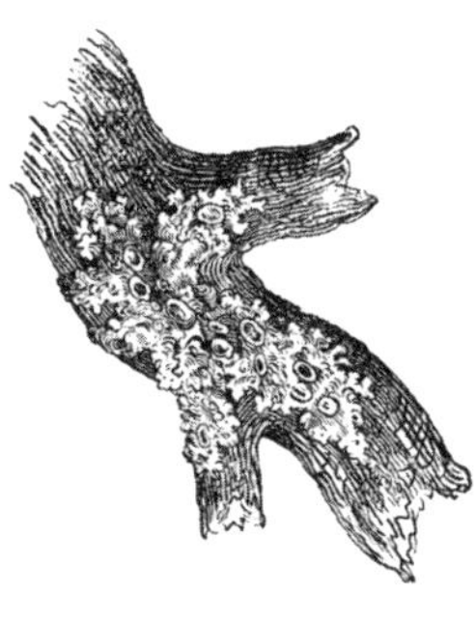

Fig. 04 Silbermoos ist silbergrün oder weißgrün. Moosartige Aufsitzer wachsen zu feinen wollartigen Bauschen heran, die sich im Wind wiegen.

Fig. 05 Die Baumriesen im Süden haben charakteristische dünne und spitze Nadeln; sie sind etwa zehn bis zwanzig Zentimeter lang und biegsam.

Regenmeer
(Mare Imbrium)

Ø 1146 km | ↓ 3,1 km | ◇ ca. 3,0 Mrd. Jahre

Beschreibung Das *Mare Imbrium* ist nach dem *Oceanus Procellarum* das zweitgrößte Meer des Mondes. Sein annähernd kreisförmiges Becken gilt als einer der jüngsten wassergefüllten Bereiche unserer bekannten Mondscheibe. Im Westen geht das Meer in den *Oceanus Procellarum* über. Als sich die schollenartige, glatte Umgebung langsam verschob und sich Felsen zu bilden begannen, entstanden im Norden die *Montes Alpes* – ein Gebirge, welches das Regenmeer von den eisigen Schneestürmen und Eisschollen des *Mare Frigoris* trennt. Daher bedingen sich die Wetterereignisse hier stark gegenseitig. ¶ Das Meer und der Himmel werden eins. Die Wolken und wogenden Wellen verschmelzen in einem grauen Durcheinander. Oft hält der Regen wochenlang an – als leichter Nieselregen oder mit gewaltigen Tropfen und starkem Wind, die es verhindern etwas zu sehen. Überall spülen Rinnsale die Steine aus und ist das ständige Plätschern und andauernde Regengeräusch des Niederschlags zu hören.

Flora & Fauna Das Wasser des Meeres ist trüb und grau. Die Steine an den Ufern schimmern grünlich und an der Oberfläche schwimmende Algenpartikel scheinen sich wie ein dunkelgrüner Teppich auf dem Wasser auszubreiten. Diese Schicht filtert das Licht und reduziert die Menge an Sonnenstrahlen, die ins Wasser fallen. Unter der Oberfläche schweben wie

Heraclides
Le Verrier
Kirch
MARE
Theaetetus
C. Herschel
Aristillus
Gruithuisen
Heis
Carlini
MONTES
IMBRIUM
Archimedes
Angström
Delisle
Autolycus
Krieger
Diophantus
Timocharis
PALUS
Mons Hadley
Apollo 15
Prinz
Aristarchus
Conon
Marco Polo
MARE
VAPORUM
Ukert
Murchison
Trisnecker
Flamsteed
Horrocks
Klein
Arzachel
Airy
Faye
Mersenius
Blanchinus
Werner
Vitello
Lee
PITATUS
DESLANDRES
Aliacensis
PALUS EPIDEMIARUM
Weiss
Hell
WALTER
Cichus
Capuanus
Wurzelbauer
Gauricus
Ball
Lexell
Clausius
Heinsius
Haidinger
Miller
Huggins
STOFLER
Epimenides
Hainzel

schwerelos weitere winzig kleine Partikel, die bei genauem Hinsehen als einzelne Geißeltierchen erkennbar sind. Selbst unter Wasser kann man den Regen mit seinem Rauschen auf der Oberfläche wahrnehmen. ¶ An Land kann selbst unter diesen Bedingungen ein *Epiphyt* als Pflanzenart beschrieben werden, welche an das Überleben in konstant feuchten und nassen Bedingungen angepasst ist: Regengras – es hat lange, dünne Blätter, die in der Lage sind, Wasser aus Regen und Nebel aufzunehmen. Mit kleinen zarten Widerhaken hält es sich auf Steinen fest und bildet daher keine Wurzeln aus.

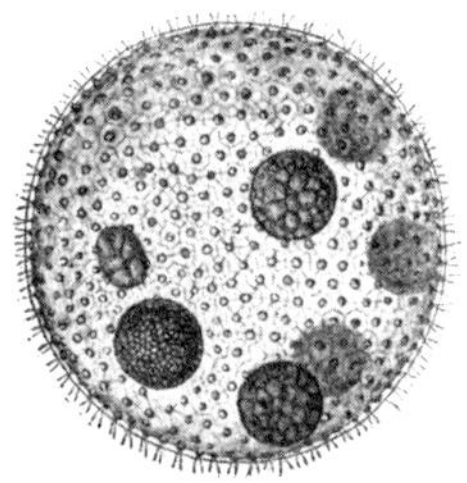

Fig. 06 Schwimmende Algenpartikel gibt es in verschiedenen Formen; sie sind kleinste Vorläufer für die folgenden, auch wurzelnden und sich ansiedelnden Arten. Ihr Vorkommen gibt Aufschluss über den Sauerstoffgehalt im Wasser. Weitere Organismen kommen meist mit Algenpartikeln zusammen vor und bilden Schwebstoffe, die als schmierige grüne Schicht absinken und Algenteppiche bilden können.

Besonderheiten Ändern sich nach wochenlangem Regen Wetterlage und Licht, kann man unter Umständen Zeuge eines mystischen Wetterphänomens werden: Flaut der Regen ab, steigt die Verdunstung, wobei sich Nebel und Regen zu einem Regenbogenschleier verbinden, der sich über sämtliche Ufer und die nassen Steinebenen legt. Dieser Anblick ist höchst selten und atemberaubend.

FIG. 07 Geißeltierchen sind äußerst vielfältig und umfassen Organismen verschiedener Formen, welche alle einen oder mehrere Körperanhänge haben, die als *Flagellen* bezeichnet werden und zur Fortpflanzung oder Nahrungsaufnahme dienen.

FIG. 08 Die krausen Blätter des Regengrases filtern das Regenwasser nach Nährstoffen. Die Struktur der Pflanze ist auf schnelles Wachstum mit Hilfe einfacher Nährstoffe ausgelegt. Das Gras verzweigt sich weitläufig und treibt Stiele entlang der Steine aus. Einzelne Triebe bilden wurzelartige Häkchen, mit denen es sich an den Steinen festklammert.

Inselmeer
(Mare Insularum)

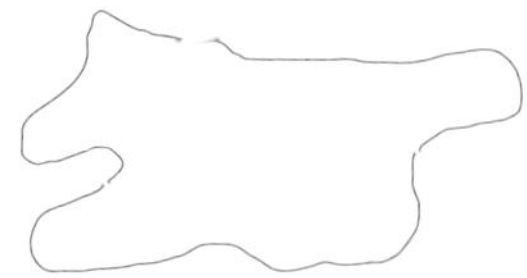

128 km

Ø 511 km | ↓ 4 km | ◇ ca. 2,9 Mrd. Jahre

BESCHREIBUNG Das *Mare Insularum* ist ein Randmeer des *Oceanus Procellarum* und umgibt den Krater *Copernicus*. Durch Randabbrüche ist dieser geflutet und bildet den größten Inselring des Meeres. Die eigenständige Topografie bildet sich durch unzählige Inseln heraus, die weit verstreut in den unbekannten tiefen Gewässern liegen. Längst sind nicht alle erforscht. ¶ Die Inseln sind karg und steinig, mit großen Felsen und steilen Klippen, die aus den Wellen ragen. Die oft scharfkantigen Gipfel erscheinen wie die Spitzen von Kratern und einer großen Plattenaufrichtung. Das Wasser ist kalt und tief; es fällt durch die dunkelblaue Farbe auf. Durch seine Klarheit kann man in der Nähe der Inseln selbst in tieferem Wasser bis auf den Grund sehen. Bei schlechten Wetterlagen erscheint das Wasser dagegen schwarz und aufgewühlt. Die Wellen donnern dann mit tosender Brandung an die Felsen und machen die Inseln zu einer tödlichen Gefahr.

FLORA & FAUNA Kleine Krebse haben sich die Inseln als Lebensraum erschlossen. Wenn die Wellen sie in großer Zahl auf die Steine spülen, klammern sie sich in der Brandung an den Felsen. Oder sie lassen sich mit der Strömung treiben, bis sie an den Klippen einen guten Ruheplatz finden, an dem sie sich dann von der Sonne wärmen lassen. Durch die Brandung ausgespülte Löcher in den Steinen dienen ihnen als Behausung. ¶

SINUS IRIDUM
Mairan
Promontorium
Heraclides
Helicon
Le Verrier
Piazzi Smyth
Cassini
Kirch
MARE
C. Herschel
Gruithuisen
Heis
Carlini
Aristillus
Krieger
PALUS
PUTREDINIS
Prinz
Marco Polo
MARE
VAPORU
Bode
Pallas
Murchison
SINUS
Flamsteed
Klein
Arzachel
MARE
Bullialdus
Nicollet
Birt
Rupes Recta
Thebit
Faye
Delaunay
La Caille
MARE
König
Hippalus
HUMORUM
Kies
Campanus
NUBIUM
Hesiodus
Mercator
PURBACH
REGIOMONTANUS
Doppelmayer
PITATUS

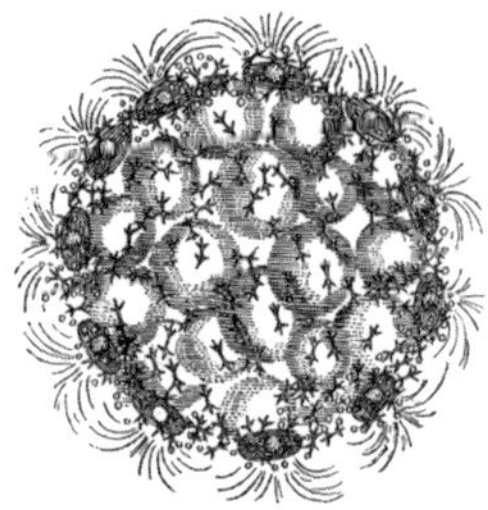

Fig. 09 Kugelalgen sind Ansammlungen kleiner Algenbestandteile, die sich in den Seegraswiesen geformt haben. Durch das Zusammenketten erreichen sie Größen bis zu mehreren Zentimetern. Mit der Strömung treiben sie an Land.

Die Salzflechten, die sich an den glatten Steinen am Ufer festsetzen, haben die unterschiedlichsten Formen und Farben ausgeprägt. Manche sind klein und rund, andere lang und fadenförmig. Sie nutzen die salzige Luft zum Wachstum. Durch ihre Salzkonzentration zersetzen sie über lange Zeit den steinigen Untergrund in kleineres sandiges Material. Außerdem dienen die winzigen Pflanzen als Nahrung für die genannten Krebse. ¶ Bei starken Windverhältnissen werden zusätzlich Kugelalgen an die Klippen gespült. Diese stammen aus den großen Algenfeldern der ausgedehnten Unterwasserhänge und sind ein Leckerbissen für die Krebse.

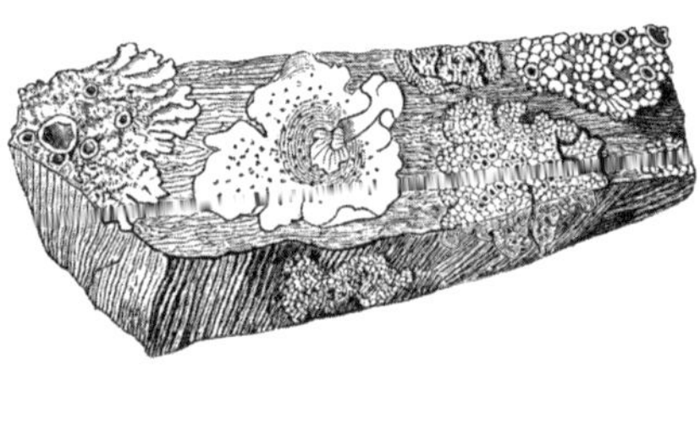

Fig. 10 Flechten bestehen aus mehreren symbiotischen Schichten und bilden einen Bewuchskörper aus. Ihre Farben reichen von grün über gelb bis zu purpurfarben.

BESONDERHEITEN Durch die gefluteten Krater und Plattenverwerfungen vermutet man zahlreiche Unterwasserhöhlen unter den Inseln. Es könnte gar von ganzen Höhlensystemen ausgegangen werden. Vielleicht führen diese sogar zu verborgenen Kammerstränden, oder blauen Höhlen, die aufgrund von einfallendem Licht durch eingestürzte Stellen der Höhlenkuppeln blau schimmern. Der feine Sand der unterirdischen Strände bildet sich aus den über lange Zeit durch Unterwasserströmungen angespülten zersetzten Steinen der Salzflechten.

FIG. 11 Eine Art, welche Kliffkrabben ähnelt, ist vor allem oberhalb der Spritzwasserzone zu finden. Sie nutzen die Brandung, um sich auf die Klippen spülen zu lassen, wo sie trockene Bereiche zum Wärmen in der Sonne aufsuchen.

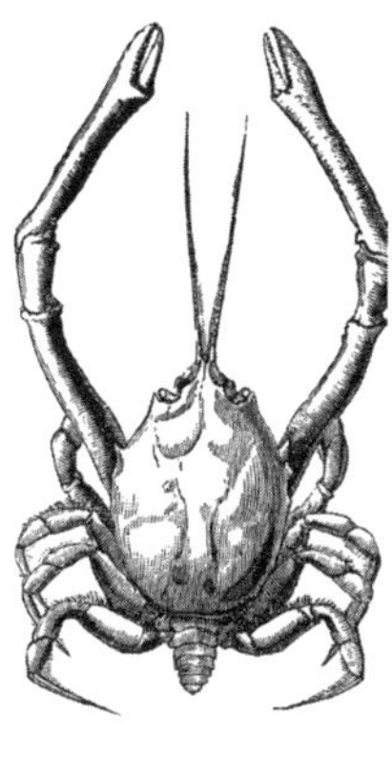

FIG. 12 Meist unterhalb der Wasseroberfläche, tummeln sich Greifkrebse am Boden rund um die großen Felsen. Sie nutzen ihre langen Fangarme, um sich gegen die Kräfte der Brandung zu stemmen, Nahrung zu sammeln und sich an den Steinen aus dem Wasser zu ziehen.

Meer der Kälte

(Mare Frigoris)

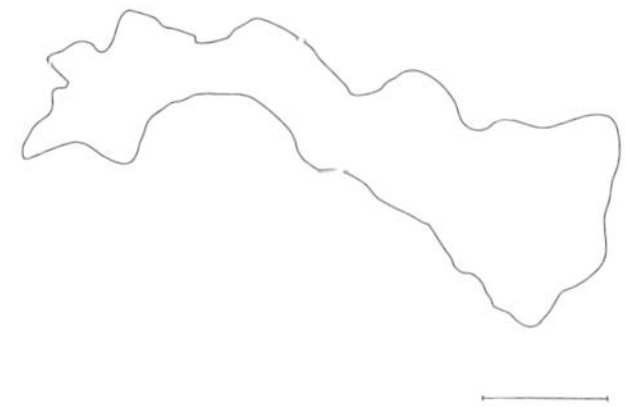

300 km

Ø 1446 km | ↓ 1 km | ◇ ca. 3,1 Mrd. Jahre

BESCHREIBUNG Das Meer der Kälte besteht aus einer riesigen, dunklen Fläche eisbedeckten Wassers, auf der sich imposante Schollen zu meterhohen Klippen auftürmen können. Das tiefe Blau des Wassers wird nur durch die Abbrüche des Eises freigelegt. Es klirrt und knackt ständig; mit den peitschenden Wellen zusammen singt es seine eigene Melodie. Je nach Lichteinfall lässt sich die wirkliche Landgrenze des Dauerfrostbodens nur schwer erkennen. Allgegenwärtig ist dabei das Pfeifen des eisigen Windes über die schneebedeckten Grate, der ständig neue Flocken über die weiten weißen Ebenen treibt. Kleinere Krater sind vollends mit Schnee gefüllt und lassen sich kaum als Senken erkennen. Die Niederschläge formen sich aus den Ausläufern des süd-westlich gelegenen *Mare Imbriums* und bilden sich durch die kalten Temperaturen als scheinbar ewig währende Schneestürme aus.

FLORA & FAUNA Die Vegetation in dieser rauen und eiskalten Umgebung ist begrenzt. Nur einige wenige widerstandsfähige Pflanzen wie Flechten und Moose, versuchen immer wieder auf den vereinzelt eisfreien felsigen Ufern und kargen Eisblöcken zu überleben. Jedoch verteilt der eisige Wind den feinen Schnee immer und immer wieder über das Gebiet, was einen Nachweis schwierig macht. ¶ Trotz des unwirtlichen Habitats ist das kalte Meer von Leben erschlossen, kleinster

SINUS IRIDUM
Mairan
Promontorium Heraclides
Helicon
Le Verrier
Mons Rumker
MARE
Naumann
C. Herschel
Gruithuisen
Heis
Carlini
Schiaparelli
PROCE
Reiner
Herman
Damoiseau
Sirsalis
de Vico
Henry
Cavendish
Palmieri
Vieta
Fourier
HUMORUM
Doppelmayer
Vitello
PALUS
EPIDEMIARUM
Campanus
Kies
Mercator
Hesiodus
NUBIUM
PITATUS
Weiss
Cichus
Capuanus
Wurzelbauer
Gauricus
Ball
UM
SINUS
AESTUUM
Sommering
Mosting
Lalande
Parry
Palisa
Davy
Lassell
Birt
Rupes Recta
Piazzi Sm
Archime
Eratosthen
Flammario
PTOLEMA
ALPHONSU
Alpetragius
REGIOMON
DESLA

Krill hat sich an seine eisigen Tiefen angepasst. Man findet ihn selbst unter geschlossener Eisdecke, im dunklen und kalten Wasser. Die Eisschichten und die Schneedecke bieten den Schwärmen Schutz und Rückzugsmöglichkeit. Gibt das Eis den Blick ohne Schnee frei, kann man die Schwärme unter der Oberfläche förmlich tanzen sehen.

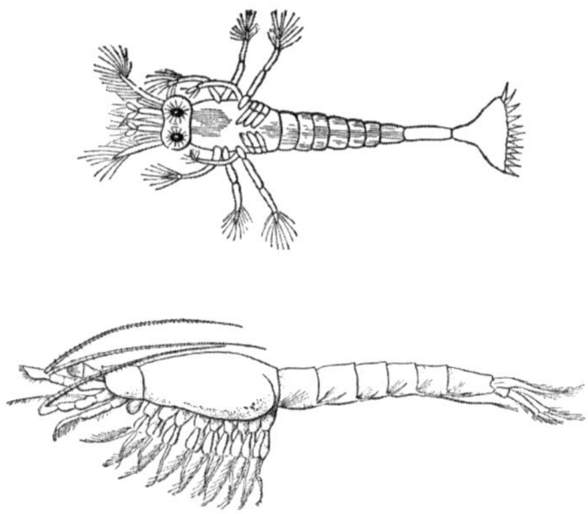

Fig. 13 Krill und Kleinstkrebse leben im kalten Wasser äußerst energieeffizient von anderen Planktonorganismen wie Algenteilchen und Nährstoffpartikeln, die sie sogar an der Unterseite des Eises noch finden.

Besonderheiten Die Eisschollen und kantigen Eisklippen sind durch die klare Luft tiefenrein und durchsichtig. Das Licht bricht sich prismenartig in ihnen und schafft ein fantastisches Farbenmeer. Sie scheinen sogar zu leuchten und je nach Lichteinfall hat das Eis zuweilen die Fähigkeit, das hindurchgehende Licht zu verstärken oder zu verzerren. Es entstehen surreale Lichter und Zerrformen der Umgebung, die eine Orientierung besonders schwierig machen. Man sagt, dass man einmal im Bann der optischen Illusionen nur mit klarem Verstand aus der weißen Schneewüste entfliehen kann.

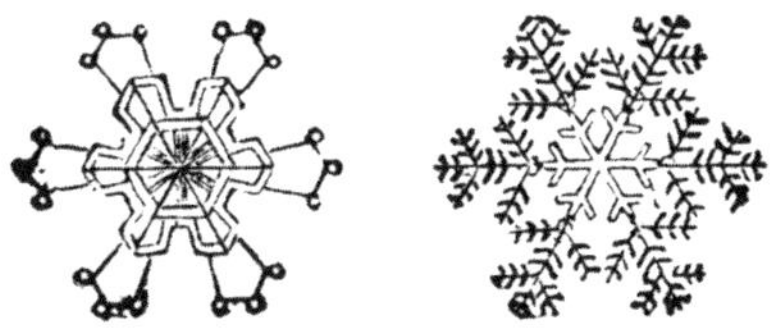

FIG. 14 Einzelne Schneekristalle bilden meist ein sechsseitiges Prisma. Vermutlich gleicht keines einem anderen. Temperatur, Feuchtigkeit und Fallweg haben Einfluss auf die Form.

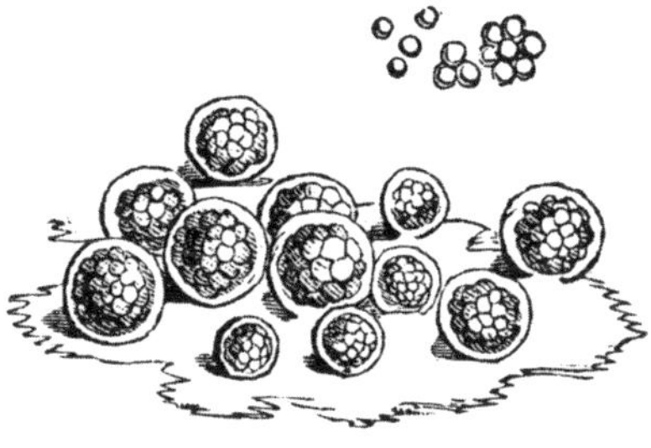

FIG. 15 Kieselalgen können auch unter dem Gefrierpunkt wachsen; sie besitzen eisbindende Proteine. An Land haben es Flechten und Moose durch den starken Wind und die Kälte sehr schwer sich zu verwurzeln und festzusetzen.

»Je tiefer man taucht, desto mehr verschwindet das blaue Licht und wird durch völlige Schwärze ersetzt. Aber ich habe keine Angst. Ich möchte alles erforschen und entdecken, was unter der Oberfläche verborgen liegt.«

Enzo G. Benvolio
über das Inselmeer

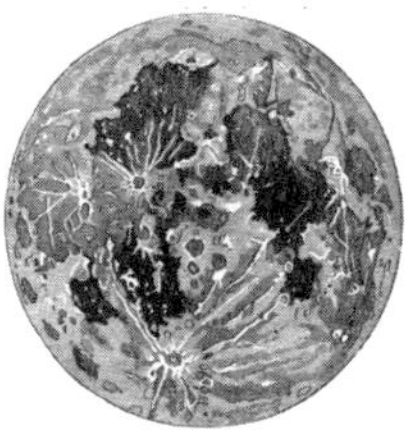

II OCTANS
III. OCTANS
IIII. OCTANS
Limes Boreus
Anaxagoras
Euctemon
Meton
Philolaus
Epigenes
SICCITATIS
Stagnum Glaciei
Mare Frigoris
Plato
Timæus
Archytas
Aristotel
Democrit
Thales
Endymion
Zoroaster
TERRA
Terra Grandinis
Eudoxus
Lacus Mortis
Hercules
Atlas
Hermes
Mercurius
Lacus Somniorum
Posidonius
Cepheus
Messhala
VITA
Geminus
Berosus
Mare Imbrium
Palus Nebularum
Archimed
Autolycus
Palus Putredinis
Aratus
Conon
Terra Nivium
Eratosthenes
Menelaus
Vitruvius
Plinius
Cleomedes
Palus Somnii
Proclus
Firmicus
Terra Vigoris
Agrippa
Sosigen
TERRA
Mare Tranquillitatis
Palus Nimborum
Peninsula Fulgurum
Hipparchus
Ptolemæus
S Dionys
Areop
Censorinus
Beda
Exiguus
Alcuin
MARE
Theon sen
Theon jun
Hypatia
SANI
Terra
Mare
Albategni
Alphonsus
Arzachel
Abilfedea
Alfraganus
S Theophil
Langrenus
Goclenius
MARE SERENITATIS
MARE VAPORUM
MARE ANGUIS
MARE CRISIUM

Nord-Osten

Meer der Dämpfe
(Mare Vaporum)

Meer der Heiterkeit
(Mare Serenitatis)

Meer der Gefahren
(Mare Crisium)

Schlangenmeer
(Mare Anguis)

Meer der Dämpfe
(Mare Vaporum)

Ø 240 km | ↓ 2,9 km | ◇ ca. 4,3 Mrd. Jahre

Beschreibung Das Meer dampft. Das Land ist mit Kratern übersät, aus denen Rauchsäulen in die Luft steigen. Die Dämpfe haben Farben wie gelb, rosa oder gar purpurfarben. Der neblige Dunst macht es schwierig, weit zu sehen, und die dünne Kruste des Untergrundes lässt sich leicht durchbrechen, um das kochend heiße Magma darunter zu enthüllen. Die verschiedenen Farben der Steine und Schlote schaffen eine interessante Landschaft und ein starker Geruch nach Schwefel und Mineralien liegt in der Luft. Es ist leicht, an diesem Ort die Orientierung zu verlieren. Schwaden ziehen in das und wieder aus dem Blickfeld und lichten sich erst etwas, wenn der Wind auffrischt, was selten passiert. Dann sieht man plötzlich Krater, ein paar tote Bäume und Büsche, die nur wenige Meter entfernt aus dem Boden ragen.

Flora & Fauna Die steinigen Schotterebenen sind ein merkwürdiger Ort. Der Boden besteht aus unzähligen kleinen Steinen, die es den Pflanzen schwer machen, Wurzeln zu schlagen. Es gibt jedoch einige Arten, die sich im Laufe der Zeit an diese Umgebung angepasst haben. Eine dieser Pflanzen hat große Luftwurzeln, mit denen sie die Luft nach Nährstoffen filtert. Diese Wurzeln verleihen der Felsenpflanze auch ihre charakteristische harte Schale, welche sie vor der rauen Umgebung schützt. ¶ Fast unbemerkt leben zwischen den Luftwurzeln

Eudoxus
Piazzi Smyth
Cassini
Le Verrier
Kirch
Alexander
Calippus
Theaetetus
CAUCASUS
Aristillus
Carlini
POSIDONIUS
Lambert
Pytheas
Plinius
Ross
Maclear
Reinhold
Arago
Sabine
Apollo
Apollo 12
Fra Mauro
Delambre
Hypatia
Alfraganus
Bonpland
Zollner
Theophilus
Kant
Darney
Cyrillus
Tacitus
Lubiniezky
Faye
Donati
MARE
Nicollet
Birt
Thebit
Rupes Recta
Delaunay
Abenezra
Azophi
La Caille
Playfair
Fermat
Blanchinus
Sacrobosco
PURBACH
Krusenstern
NUBIUM
Apianus
REGIOMONTANUS
Pontanus
Hesiodus
Werner
Wilkins

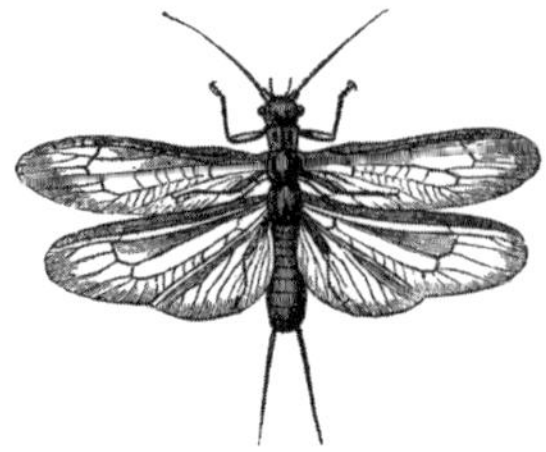

FIG. 16 Innerhalb der Schwebfliegen gibt es eine ganze Reihe verschiedener Arten. Der Körper kann sowohl gedrungen, als auch lang und schlank sein; außerdem gibt es behaarte und unbehaarte Arten; doppelte Flügelpaare sind charakteristisch.

und Schalenteilen der Pflanzen kleine Tausendfüßler, die dabei helfen, organisches Material abzubauen und Mineralien von den Steinen kratzen. Auch sie sind perfekt an diese Lebensbedingungen angepasst und nutzen die Dampfschlote als Wärmequellen. ¶ Über den Schloten, fast wie neblige Schwaden, flimmern immer wieder Schwärme von Schwebfliegen umher. Sie nutzen den Auftrieb und die Wärme und lassen sich mit den Dämpfen treiben.

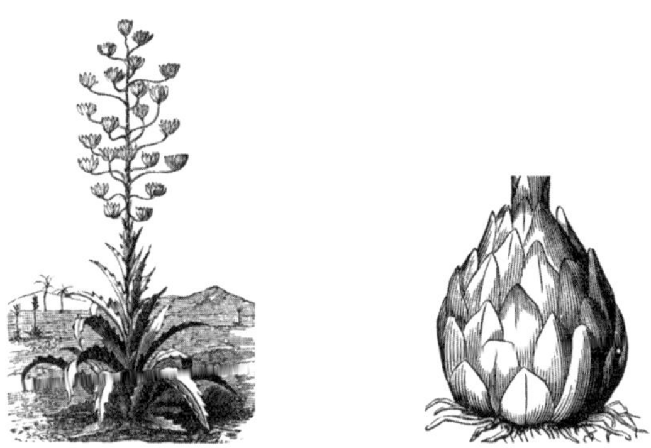

FIG. 17 In der Umgebung schützen sich Pflanzen vor der Hitze durch Stachelkleid oder Haarpelz und harte Schale vor der Hitze, da diese Merkmale für weniger Verdunstung sorgen. In den Blattknollen und verholzten Stämmen werden Wasservorräte angelegt.

Besonderheiten Auf dem Mond gibt es einige Krater, aus denen toxische Dämpfe austreten, vor allem auch hier im *Mare Vaporum* auf dem Wasser und an Land. Diese Dämpfe können die Sinne trüben und desorientieren. Besondere Vorsicht ist wichtig, wenn man sich in diesen Bereichen bewegt, und man sollte immer die Position in Bezug auf das Wasser und die Felsbrocken im Auge behalten. Auch an Land machen es die Dämpfe und Schwaden leicht, sich zu verlaufen. Dies ist definitiv kein Ort, an dem man sich zu lange aufhalten sollte.

Fig. 18 Die wenigen Pflanzen dienen als Rückzugsort für Tausendfüßler; und werden von bestimmten Arten hin und wieder auch zur Häutung aufgesucht. Oftmals sich die Tiere jedoch aber einfach zwischen den Steinen an der Oberfläche in der Nähe der Schlote. Meist nach den Mondnächten, lassen sich ganze Hautansammlungen finden.

Meer der Heiterkeit

(Mare Serenitatis)

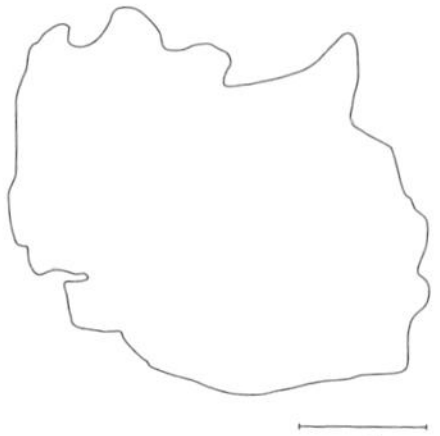

200 km

Ø 707 km | ↓ 3 km | ◇ ca. 3,8 Mrd. Jahre

Beschreibung Das Meer der Heiterkeit ist in frühen Jahren aus einem Kraterbecken entstanden und hat eine rundliche seichte Ausformung. Die Region ist warm und trocken, mit gleichbleibend perfektem Wetter. Ständig weht eine angenehme, laue Brise. Im blauen Wasser spiegeln sich selten ein paar Wolken, sonst ist der Himmel immer klar. Dies ist durch die Lage des Meeres in der gemäßigten Zone zwischen dem kalten *Mare Frigoris* im Norden und dem heißen *Mare Tranquillitatis* im Süden zu erklären. Einzelne kleinere Krater haben sich zu Buchten mit weichen, sandigen Böden geformt. Das Meer ist sehr flach, ähnlich wie ein See, mit Seegraswiesen und Schilfzonen an den Rändern.

Flora & Fauna Die feuchten Seegraswiesen an den Uferzonen bilden einen dichten grünen Gürtel und sind idealer Rückzugsort für kleine Lebewesen. Auf den sandigen umgebenden Hügeln wiegen sich lange Gräser im Wind, sogar Blüten treiben einige grasartige Pflanzen aus. ¶ In der beschriebenen Uferzone sind Wasserläufer und Heuschrecken zu finden. Beide Arten sind sehr flink und können sich schnell bewegen, um Gefahren zu entgehen. Die Wasserläufer verstecken sich zwischen den Seegräsern und bewegen sich auf der Wasseroberfläche in Ufernähe. Die Heuschrecken sind dagegen in

Mason
Williams
Plana
Grove
Cassini
Kirch
Alexander
LACUS
SOMNIORUM
Calippus
CAUCASUS
Theaetetus
Daniell
Hall
Aristillus
G. Bond
Kirchhoff
MONTES
TAURUS
Romer
Wallace
Maraldi
Franz
Lyell
Cauchy
Bode
Pallas
Censorinus
Herschel
Capella
Daguerre
Bohnenberger
Rosse
MONTES
PYRENAEUS
Geber
Catharina
Thebit
Faye
Donati
Abenezra
Azophi
Rupes
Polybius
Rupes Recta
Delaunay
La Caille
Playfair
Fermat
Blanchinus
Sacrobosco
Krusenstern
PURBACH
Altai
Apianus
Pontanus
Weinek
Werner
Wilkins
Piccolomini

Fig. 19 Die meist gesehene Art ist eine Langfühler-Heuschrecke. Sie legt Röhren im Boden an, die auch zur Eiablage dienen. Man findet sie in nahezu allen offenen grasreichen Lebensräumen rund um das Meer, die weder zu nass noch zu trocken sind.

den wiegenden Gräsern zu finden und haben sich – mit ihren sandigen Ganghöhlen unter den Graswurzeln als Rückzugsort – perfekt an die Umgebung angepasst.

Besonderheiten Das Meer der Heiterkeit grenzt im Süden direkt an das Meer der Ruhe, beide sind über eine Wasserbarriere miteinander verbunden. Man kann sehen, wie sich die Farben ändern, wenn das Wasser aufeinander trifft. Die Grenze zwischen den zwei Meeren ist aufgrund des unterschiedlichen Salzgehalts deutlich sichtbar. Die Felsen auf beiden Seiten haben eine unterschiedliche mineralische Zusammensetzung und erscheinen daher in unterschiedlichen Blautönen.

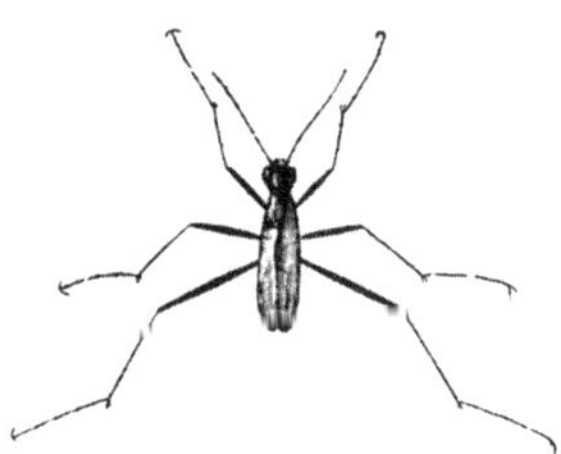

Fig. 20 Die Wasserläufer haben eine Länge von bis zu zwei Zentimetern. Ihr Körper ist sehr lang und schmal, sowie mit feinsten Härchen bedeckt, die Wasser abweisen. Das ermöglicht ihnen, auch auf der Oberflächenspannung des Wassers zu laufen.

Ein Gestein mit einem hohen Anteil an Kalzit beispielsweise, ist in der Regel hellblau, während Gestein mit einem hohen Anteil an Serpentin eher grünlich erscheint. Das liegt daran, dass Salzgehalt in diesen Mineralien eine unterschiedliche Lichtstreuung zur Folge hat. Diese Zusammensetzung und weitere Sedimente führen dazu, dass an der Grenze das helle Blau des *Mare Serenitatis* allmählich in ein tiefes Grünblau des *Mare Tranquillitatis* übergeht.

Fig. 21 Das vorkommende Süßgrasgewächs ist durch große, blaugrün gefärbte und langstielige Horste charakterisiert und breitet sich mit seinen langen Ausläufern unterirdisch aus. Zusätzlich werden blütenartige Körbe ausgebildet, die filziger Watte ähneln.

Meer der Gefahren

(Mare Crisium)

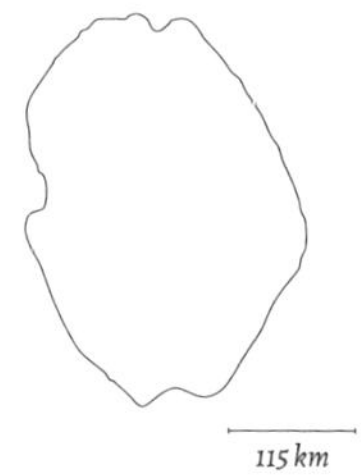

Ø 418 km | ↓ 2,2 km | ◇ ca. 3,8 Mrd. Jahre

Beschreibung Das *Mare Crisium* liegt am östlichen Rand der Mondscheibe. Lavarücken prägen den Untergrund und formen so einen zerklüfteten senkenförmigen Meeresboden mit allerlei Geröll. Das Kap *Promontorium Agarum,* welches im südöstlichen Teil des Meers deutlich hineinragt, gilt als unbezwingbar und gefährlich. Am nordöstlichen Rand falten sich hohe Gebirgsketten auf, die es vom *Mare Anguis* abgrenzen. Die Randzonen des Meeres sind flach, mit einem schroffen Untergrund und vielen Steinen. Es besteht Gefahr durch viele Baumstämme, Steinsäulen und scharfe Steine, die leicht zu Verletzungen führen können. Das Klima ist warm und unstet, sodass durch die drückenden Luftmassen viele Luftverwirbelungen entstehen, die das Meer schäumen lassen und zu Strudeln führen. ¶ Die Mondkruste unter dem Meeresboden ist hier besonders dünn. Die heißen Lavaströme haben daher direkt Einfluss auf das Wasser, was auch die schäumenden Strudel und extremen Wetterlagen erklärt.

Flora & Fauna Kleinste Salamander sind die angepasste Amphibienart, die zwischen den Steinen im flachen Wasser lebt. Die Randzonen sind für sie der ideale Lebensraum, die teils heißen Wasserlachen die perfekte Wärmequelle. Sie ernähren sich von organischem Schwebematerial oder knabbern an den Gehölzen der umliegenden Gebiete. Schwefelschlote

Oersted
Williams
Shuckburgh
Schumacher
Grove
Hooke
Cepheus
Franklin
MESSALA
Maury
Berzelius
GAUSS
Bernouilli
Hall
Geminus
Berosus
G. Bond
Kirchhoff
MONTES
TAURUS
Seneca
Plutarch
Maraldi
Franz
Lyell
Bano
Gilbert
Censorinus
GILBERT
Capella
KASTNER
La Pérouse
Daguerre
Rosse
MONTES PYRENAEUS
BALMER
Santbech
FRACASTORIUS
Wrottesley
Borda
PETAVIUS
PHILLIPS
Weinek
HUMBOLDT
Piccolomini
Hase
Legendre

im Boden versorgen die Umgebung mit mineralischen Nährstoffen, wodurch an den Ufern dornige Gewächse, aber auch Blattfarne gedeihen. Im Klima der nordöstlichen Bergketten formt sich die Vegetation zu stark verholztem Baumbewuchs aus, erkaltete Lava bietet dafür einen festen Untergrund. Oft leben pilzartige Aufsetzer auf diesen Bäumen, die Schwefel und Nährstoffe aus dem Dunst ziehen.

Fig. 22 Die eher sukkulenten Pflanzen der Region kommen mit wenig Wasser aus, haben einen ätzenden Milchsaft und meist dornige Stacheln, die Fressfeinde auf Abstand halten. Auch wenn sie kleine Blüten ausbilden, sollte man ihnen nicht zu nahe kommen. Die Dornen können bis zehn Zentimeter lang werden. So abgeschottet bilden die meisten Arten ganze Dickichtzonen aus, durch die es kein Durchdringen gibt.

Besonderheiten Das Kap *Promontorium Agarum* ist ein imposanter Anblick, allerdings auch sehr gefährlich. Es streckt sich bis zu vierzig Kilometer in das Meer hinein. Die scharfen Steine und die starken Strömungen machen es schwierig, sich ihm zu nähern. Das schäumende Wasser vernebelt die Sicht. Es ist unmöglich zu erahnen, was dahinter liegt. Manche sagen, es sei eine uneinnehmbare Festung, andere behaupten, es wäre ein verfluchter Ort. Niemand weiß es mit Sicherheit, denn niemand hat es je geschafft, nahe genug heranzukommen, um es herauszufinden.

Fig. 23 Farnpflanzen bevorzugen eher schattige Plätze. An dunklen Standorten treiben sie oft holzige Stämme aus. Die Gefäßsporen sind bei einigen Arten gefährlich, da sie Widerhaken besitzen und auf der Haut für Juckreiz sorgen können.

Fig. 24 Die hier vorkommenden Riesenkröten sind sehr anpassungsfähig. Sie können lange Trockenperioden überstehen. Über Drüsen auf der Haut sondern sie ein Giftsekret ab, das je nach aufgenommener Menge sehr gefährlich sein kann.

Schlangen-meer

(Mare Anguis)

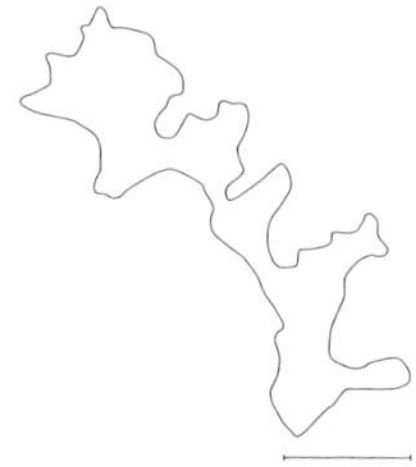

40 km

Ø 150 km | ↓ 2 km | ◇ ca. 3,9 Mrd. Jahre

Beschreibung Das Schlangenmeer mit seinen fjordähnlichen Buchten ist eine Landschaft am Rande der sichtbaren Mondschcibe und nur durch einen hohen Bergrücken vom größeren *Mare Crisium* getrennt. Das Meer liegt an der Grenze zur Dunkelheit, weshalb sich die Menschen seit jeher fürchten, was dahinter kommen mag. Gleichzeitig bietet es sich dadurch besonders zur Beobachtung der weiter entfernten Sterne an. Von Gebirgsketten umrandet, hat sich ein eigenes Biotop herausgebildet, das sich hervorragend zum Studium der Pflanzen- und Tierwelt eignet. Das von den Bergen abfließende Wasser stürzt sich in langen Wasserfällen an den Felswänden hinab. Die Schluchten sind so tief, dass sie ihr eigenes kleines Mikroklima schaffen – feucht und schattig; an den Ufern warmes, seichtes Wasser, das jedoch schnell in tiefes Blaugrün abfällt. Es gibt hier interessante Pflanzen und Tiere, die sich an das Leben in diesen Gewässern angepasst haben – insbesondere große Schlangen, was dieses Meer einzigartig macht.

Flora & Fauna Großblättrige Pflanzen sammeln das Wasser der Felswände und bieten damit anderen Pflanzen und Tieren Schutz und Feuchtigkeit. Sie haben ein Feuchtbiotop gebildet, in dem Seegräser im flachen Wasser gedeihen und das Grün unter und über dem Wasser ineinander übergeht.

Shuckburgh
Schumacher
Hooke
Franklin
MESSALA
RIEMANN
Berzelius
Bernouilli
GAUSS
Geminus
Berosus
Newcomb
RAYLEIGH
Proclus
Al-Biruni
MARGINIS
da Vinci
Jansky
Purkyně
FECUND
Goclenius
Magelhaens
Bellot
Brunner
Monge
BALMER
Schorr
Santbech
HECATAEUS
Wrottesley
CURIE
Borda
PETAVIUS
PHILLIPS
HUMBOLDT
Legendre
Hase
BARNARD

Die Pflanzen spielen in diesem Ökosystem eine wichtige Rolle. ¶ Wasserschlangen sind sowohl im Salz- als auch im Süßwasser zu finden. Die Namensgeber des Meeres verstecken sich gerne im kühlen Schatten der seichten Ufergewässer unter großen Blättern oder Steinen, wenn sie nicht gerade in

Fig. 25 Auffällige Farben und Tarnmuster sind typisch: Meist zweifarbig, ist die Farbgebung in dunkle Bänder oder Flecken von Kopf bis Schwanz unterteilt.

Fig. 26 Das auffälligste sichtbare Merkmal ist der seitlich abgeflachte Schwanz. Er ist allen Seeschlangen gemeinsam und wird verwendet, um die Fortbewegung im Wasser zu verbessern.

die dunkelgrünen Tiefen abtauchen. Sie sind leicht an ihren leuchtenden Farbmustern und ihrer Tarnzeichnung zu erkennen, die sie mit ihrer Umgebung verschmelzen lässt. Es gibt keine Feinde, die sie fürchten müssten. Die Meeresschlangen ernähren sich hauptsächlich von grünen Seegräsern und Salamandern, die sich über den Bergrücken vom Meer der Gefahren in ihr Gebiet verirren. Hervorzuheben ist die beachtliche Größe der Schlangen; sie stellen die bisher größte Tiergattung auf den bekannten lunaren Territorien dar.

Besonderheiten Wussten Sie, dass der Mond die Heimat einiger der größten Schlangen im bekannten Universum ist? Diese Kreaturen können bis zu dreißig Meter lang werden – es wurden Exemplare gesichtet, doppelt so groß wie alle, von deren Existenz man bis dahin wusste! Damit bleibt das Meer am Rande des Mondes ein Ort, der noch nie ganz erforscht wurde. Es ist der Vorort zur Dunkelheit. Und man weiß nicht, ob hier noch andere Tiere in den tiefen Gewässern lauern.

Fig. 27 Manche Blätter können trichterartige Vertiefungen ausbilden, um Regenwasser zu speichern; entweder als Wasserlache oder um es direkt zu den Wurzeln zu leiten.

Fig. 28 Neben der typischen Form mit relativ dichtem Wuchs und großen herzförmigen Blättern, gibt es aber noch viele andere Formen: als Stauden am Boden oder mit kletterartigem Wuchs.

»Ich frage mich, was liegt unterhalb der sichtbaren Welt? Lauern in den Tiefen unbekannte, seltsame Kreaturen? Wir wissen es nicht. Unsere Entdeckung des Schlangenbiotops auf dem Mond hat unser Verständnis für diese geheimnisvolle Welt allerdings für immer verändert.«

Enzo G. Benvolio
über das Schlangenmeer

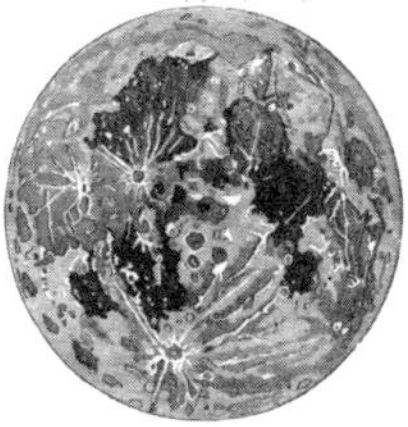

Süd-Westen

Meer der Feuchtigkeit
(Mare Humorum)

Wolkenmeer
(Mare Nubium)

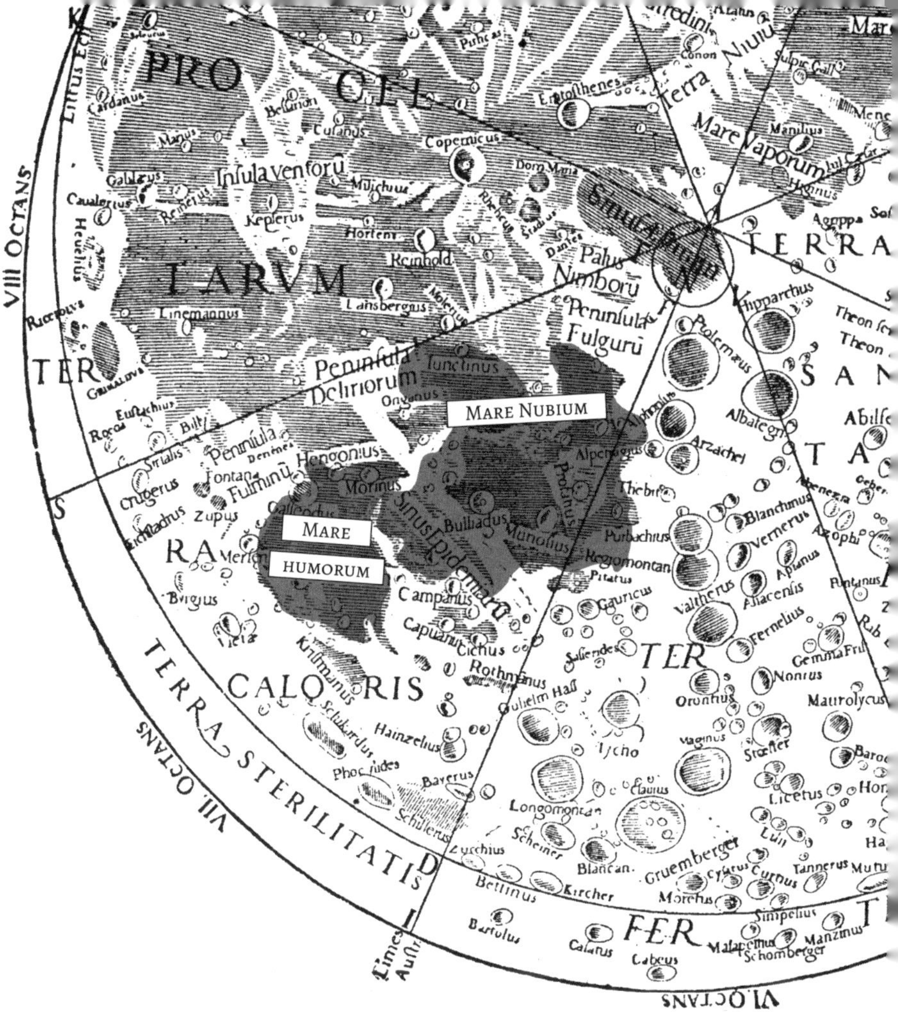
MARE NUBIUM
MARE
HUMORUM
PRO CEL LARUM
Insula ventoru
Copernicus
Eratosthenes
Terra Nivis
Mare Vaporum
Sinus Medii
TERRA
Palus Nimboru
Peninsula Fulguru
Peninsula Deliriorum
Peninsula Fulminu
Sinus Epidemiaru
Keplerus
Reinhold
Lansbergius
Hortensius
Ptolemæus
Hipparchus
Albategni
Alphonsus
Arzachel
Purbachius
Regiomontan
Bulliadus
Gassendus
Campanus
Capuanus
Cichus
Rothmanus
Walterus
Tycho
Clavius
Longomontan
Maginus
Orontius
Stoefler
Maurolycus
Licetus
Gruemberger
Blancan.
Scheiner
Zucchius
Bettinus
Kircher
Bartolus
Calatus
Cabeus
Malapertius
Schomberger
Manzinus
Simpelius
Tannerus
Cysatus
Curtius
Schilerus
Bayerus
Phocylides
Hainzelius
Schikardus
Wilhelm Hassi
Sasserides
Gauricus
Pitatus
Fernelius
Nonius
Apianus
Aliacensis
Blanchinus
Vernerus
Azophi
Thebit
Alpetragius
Cruegerus
Zupus
Mersenius
Byrgius
Vieta
TER
CALO RIS
TERRA STERILITATIS
FER
VIII OCTANS
VII OCTANS
VI OCTANS
Limes Austr.
Riccioius
Grimaldus
Hevelius
Cavalerius
Galilæus
Cardanus
Bellarmon
Cusanus
Manus
Reinerus
Lansbergius
Linemannus
Hipparchus
Theon
Abilfeda

Meer der Feuchtigkeit
(Mare Humorum)

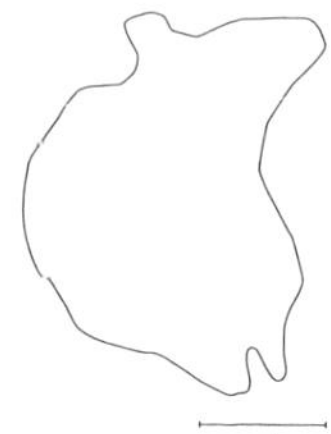

150 km

∅ 420 km | ↓ 1,8 km | ◇ ca. 3,9 Mrd. Jahre

Beschreibung Die Hauptmerkmale der Landschaft verdeutlichen, warum das *Mare Humorum* oft mit der Vergänglichkeit *Memento Mori* in Verbindung gebracht wird: Das feucht kalte Klima erinnert stark an herbstliche Wetterbedingungen. Aufgrund der Mondrotation und Trägheit der Luftmassen, liegt das Meer im Windschatten des *Oceanus Procellarum*. Daher ist es hier nicht so windig und es konnten dauerhaft feuchte Moore und Sümpfe entstehen. ¶ Diese Gebiete erstrecken sich über weite Uferbereiche mit ausgedehnten Nebelfeldern und flachem Wasser. Die Wälder sind dunkel und modrig. Die Verwitterung der abgestorbenen Bäume verleiht der Landschaft einen sumpfartigen Charakter.

Flora & Fauna Früher war die Umgebung von dichten, undurchdringlichen Waldgebieten gesäumt. Je nach Uferseite des Meeres, waren eher großstämmige Laubbäume mit kleinen Blättern oder schmale biegsame Nadelgehölze verbreitet. Die damaligen Winde und Wetterformationen sorgten für einen besseren Feuchtigkeitsaustausch. Jetzt gibt es hier hauptsächlich abgestorbene und verwitternde Bäume. Moose, Farne und Flechten sind überall zu finden und gedeihen stattdessen in diesem humiden Milieu. Die Pflanzen ziehen ihre Nährstoffe über mangrovenartige Wasserwurzeln aus dem Boden und filtern die feuchten Lachen nach Nährstoffen.

Angström
Delisle
Krieger
Diophantus
Mons La Hire
Vallis Schröteri
Prinz
Lambert
Schiaparelli
Aristarchus
Euler
Herodotus
Brayley
Pytheas
Hevelius
Reinhold
Gambart
Apollo 12
Apollo
Fra Mauro
Bonpland
Guericke
Darney
Lubiniezky
Henry Frères
Hesiodus
Weiss
Cichus
Capuanus
Wurzelbauer
Lacroix
Clausius
Haidinger
Lehmann
Drebbel
Hainzel
Epimenides
WILHELM

Schlamm und Moor bieten den Besatzpflanzen und großen Farnen einen neuen angepassten Platz zum Wachsen. ¶ Käfer und larvenähnliche Würmer sind hier in großer Zahl anzutreffen, da sie ebenfalls der Nässe angepasst sind. Sie zersetzen das Holz und schaffen einen neuen Lebensraum für weitere bisher unbekannte Arten. Die schillernden Panzer der verschiedenen Käfer sind faszinierend anzusehen.

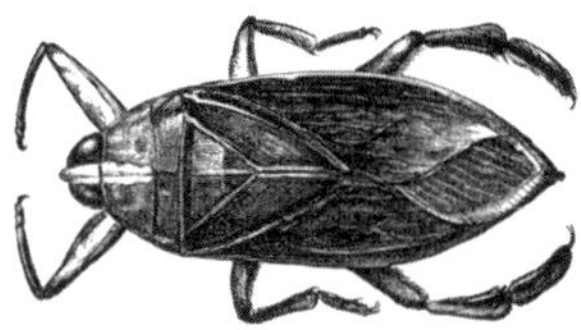

Fig. 29 Wasserkäfer sind eine angepasste Art, die im feuchten Milieu – und dabei im Wasser, wie auch an Land – überlebt. Unter dem Panzer können sie Sauerstoff für das Abtauchen im Wasser speichern. Die Larven zersetzen organisches Material der Bäume und Pflanzen. Sie graben Röhren in Rinde und Erde, in denen sie sich verpuppen und zum Käfer entwickeln.

Besonderheiten Eine Lektion über innere Naturkräfte: Tief unter der Oberfläche bewegen sich in der Region ›artesische Blasen‹. Vereinfacht erklärt, kommt es zu Bewegungen im Untergrund des Moores, welche durch den Wasserdruck aus dem Gebirge verursacht werden. Durch die torfige Erde kann der Druck nicht entweichen, Gasblasen und das Grundwasser verschieben sich nur – es entstehen Wandermoore. Sie sind besonders gefährlich, weil man nie weiß, wo der Untergrund nachgibt und man einsinken kann. Wo vorher feste und trittbare Pfade waren, kann jetzt schon ein nachgebender Sumpf liegen.

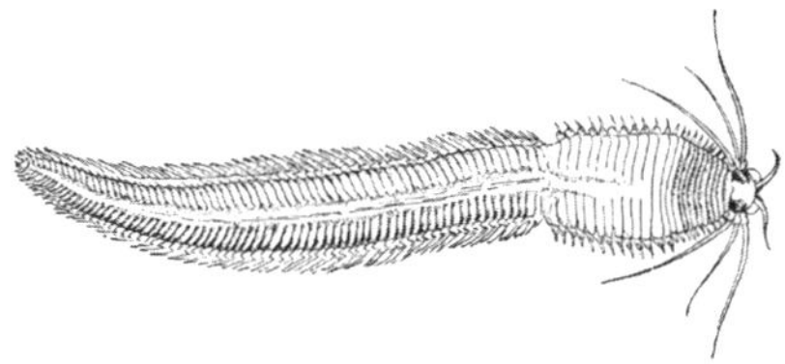

FIG. 30 Einige Wurmarten leben vorwiegend in den Lachen des Moores. Sie bilden schleimige Fäden aus, mit denen sie die wenigen Nährstoffe sammeln. Zur Fortpflanzung graben sie sich in die torfige nasse Erde.

FIG. 31 Besatzpflanzen müssen in dem schwammigen und sauerstoffarmen Milieu wurzeln können. Stark verholzte Stämme geben Stabilität. Blätter treiben oben strebend aus.

FIG. 32 Nährstoffe sind knapp, sie werden aus Niederschlag und Filtration gedeckt. Im Wettkampf um Licht werden farnartige Blätter ausgebildet, die eine wachsartige Schicht besitzen.

Wolkenmeer
(Mare Nubium)

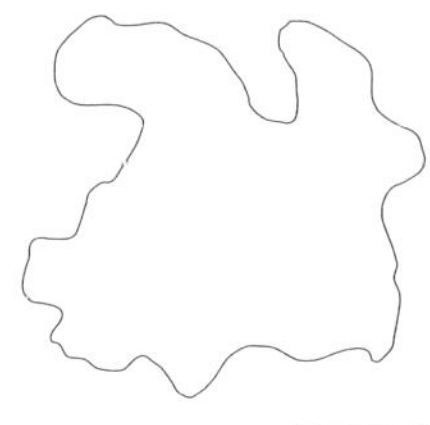

200 km

Ø 715 km | ↓ 2,4 km | ◇ ca. 3,5 Mrd. Jahre

Beschreibung Es scheint, als wäre das Wolkenmeer ein markanter Ausläufer des großen *Oceanus Procellarum*. Allerdings ist es im Nordwesten durch einen kraterdurchsetzten Festlandstreifen, der sich als bergiger Höhenrücken mit hügeligen runden Kuppen ausformt, von diesem getrennt. Durch den stetigen Windstrom des angrenzenden Ozeans ist die Landschaft im Norden flacher und nur seicht geformt. Im Südwesten grenzt das *Mare Nubium* dagegen an hoch aufsteigende Bergketten. Die Hänge sind karstig ausgeformt und die Gipfel hindern die Luftmassen am Weiterziehen. Die Wolken türmen sich dadurch vertikal auf *(Cumulonimbus)*, sodass einige der beeindruckendsten Gewitterstürme in dieser Region entstehen. Diese Gewitter sind oft auf die Regionen im Süden konzentriert. Normalerweise ist das Wetter über dem gesamten Meer recht mild, mit großen *Cumulus*wolken, die sich beständig geben. Werden diese aber weiter südlich in die Nähe der Hänge gedrückt, türmen sie sich mehr und mehr auf.

Flora & Fauna Durch den stetigen Wind aus dem Norden zeigt sich der hiesige Festlandstreifen als grasbewachsene Landschaft. Es haben sich lediglich vereinzelt kleine Büsche an die Bedingungen angepasst. Das Meer wird hier umrahmt von einer hügeligen Ebene. Der Meeresboden ist recht flach und

Delisle
Autolycus
Diophantus
Mons La Hire
Timocharis
PALUS PUTREDINIS
Mons Hadley
Apollo 15
Lambert
Euler
MONTES APENNINUS
Brayley
Pytheas
Wallace
Conon
Boscovich
Rima Hyginus
Kepler
Ukert
Encke
Triesnecker
Agrippa
Godin
Rhaeticus
Horrocks
Hind
Halley
GASSENDI
Vogel
Airy
Donati
Faye
Blanchinus
Werner
Doppelmayer
Vitello
Capuanus
Wurzelbauer
Gauricus
Ball
Lexell
Heinsius
Haidinger
Miller
Huggins
STOFLER
Hainzel
Epimenides
Pictet
Nasireddin
WILHELM

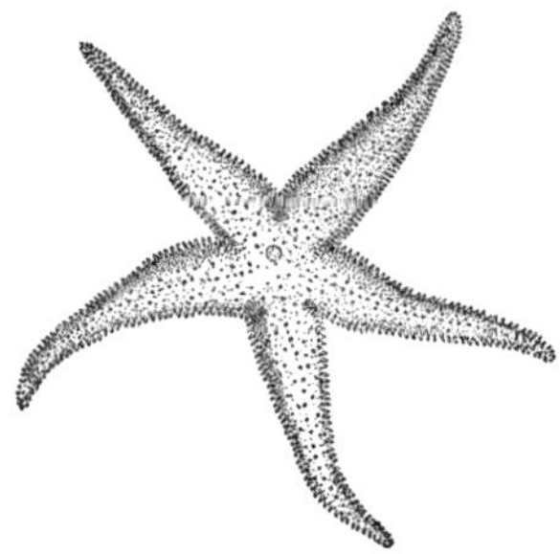

Fig. 33 Seesterne können im seichten Brandungswasser eine stattliche Größe erreichen. An der Oberseite haben sie meistens kleine Stacheln, an der Unterseite kleine Füßchen, mit denen sie sich an Untergründe heften und auch fortbewegen können.

frei von Hindernissen. Die Basaltdecke der ausgekühlten Lava bildet einen beckenförmigen Untergrund. Es haben sich regelrechte Seegraswiesen gebildet. An diesen lassen sich leicht die Strömungen erkennen, wenn sich die Algen im Wasser wiegen. Die Meeresströmungen im Süden sind etwas wärmer – perfekt für Seegurken, Seesterne und Seeigel, die sich in den Strömungsschatten der Uferfelsen niedergelassen haben. An den steilen Hängen sind auch Flechten und Moose zu erkennen, die sich auf dem kargen Untergrund ansiedeln und ihre Nahrung aus der salzigen Luft und der mineralischen Feuchtigkeit der regelmäßigen starken Gewitter beziehen.

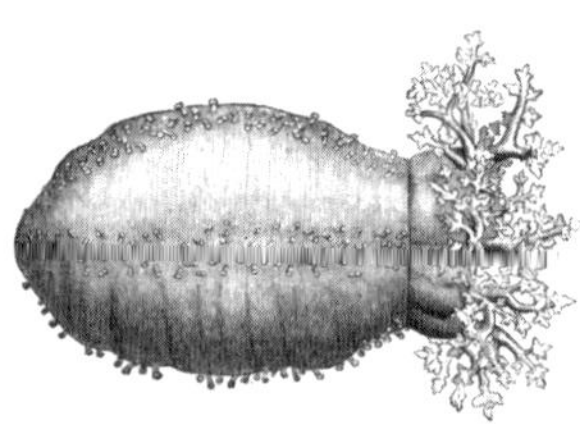

Fig. 34 Seegurken lassen sich im Strömungsschatten der Felsen am Meeresboden treiben. Sie haben eine polypenförmige Anmutung und bewegen sich sehr langsam.

Besonderheiten Sind die Winde aus dem Norden besonders stark, türmen sich die Gewitterwolken sehr schnell und sehr hoch vor den Bergen auf. Zusammen mit dem wärmeren Meerwasser an der bergigen Küste kann dabei das Naturschauspiel eines Regenvorhangs entstehen. Durch die vertikale Sogwirkung der Luft entsteht eine Barriere zwischen warmer Luft und ruhigem Wasser und einer stürmisch kühlen Regenzelle. Die Wetterzonen stoßen einander regelrecht ab. Man spürt die Energieladung und Kraft der Natur deutlich – ein beeindruckendes Naturschauspiel.

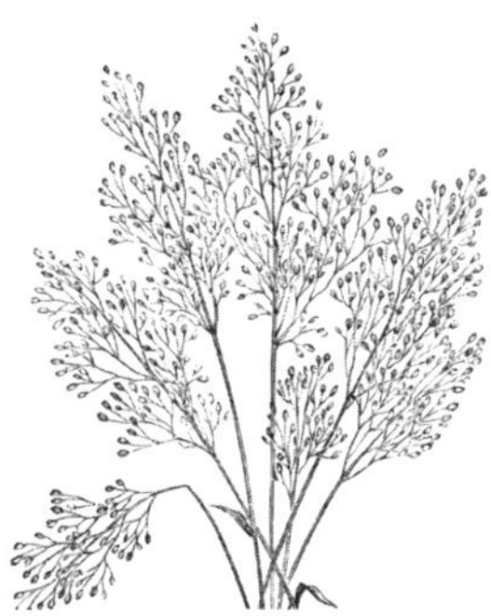

Fig. 35 Feingliedrige Gräser mit Rispen sind der Hauptbewuchs der Hügel im Norden. Die Samen verteilen sich mit dem Wind über weite Flächen und sichern Breitenwachstum.

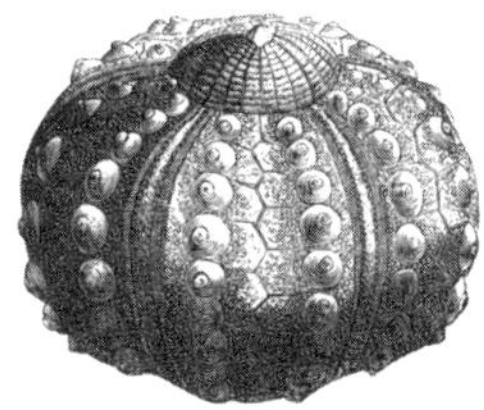

Fig. 36 Seeigel gehören zur Gattung der Stachelhäuter. Die hiesige Art hat eine harte, plattenartige Schale und besitzt kurze stachelige Auswölbungen, die jedoch nicht giftig sind.

»Die beeindruckende Anordnung der Gewitterwolken am Horizont schuf eine Barriere, die Regen, Sturm und Stille in verschiedene Wetterzonen trennte. Ich spürte die Kraft, die in der Luft lag.«

Enzo G. Benvolio
über das Wolkenmeer

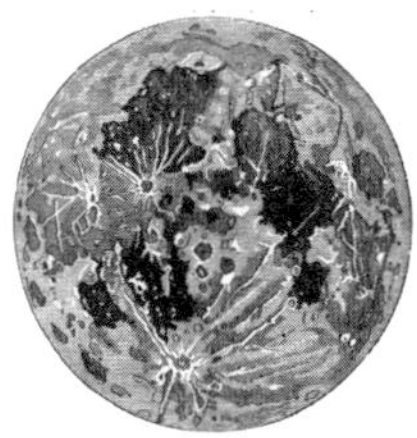

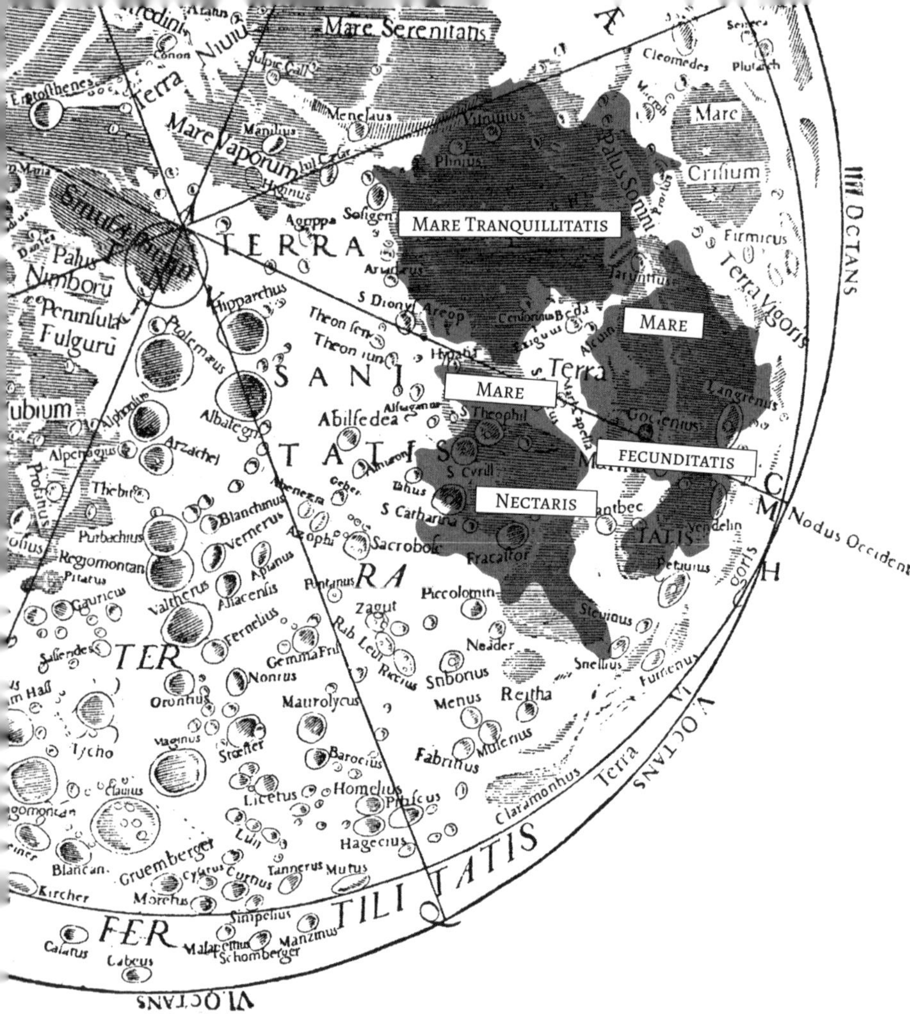

Mare Serenitatis
Mare Vaporum
Menelaus
Manilius
Plinius
Cleomedes
Plutarch
Mare
Crisium
Firmicus
Terra Vigoris
Mare Tranquillitatis
Palus Somnii
Taruntius
Mare
Terra
Mare
Fecunditatis
Nectaris
Langrenus
Goclenius
Agrippa
Sosigenes
Terra
Palus
Nimborum
Peninsula
Fulguru
Hipparchus
Ptolemaeus
Albategni
Arzachel
Alphonsus
Alpetragius
Theon sen
Theon iun
S Dionys
Areop
Hypatia
Censorinus
Beda
SANI
TATIS
Abilfedea
Alfraganus
S Theophil
S Cyrill
S Catharina
Almeon
Tabus
Geber
Abenezra
Azophi
Sacrobosc
Fracastor
Petavius
Vendelin
C
M
H
Nodus Occidentalis
Blanchinus
Vernerus
Purbachius
Regiomontan
Thebit
Pitatus
Gauricus
Apianus
Aliacensis
Valtherus
Fernelius
Fontanus
RA
Piccolomin
Zagut
Rab Levi
Gemma Fri
Nonius
TER
Orontius
Maurolycus
Ricius
Sniborius
Neander
Stevinus
Snellius
Furnerus
Menus
Reitha
Tycho
Vaginus
Stoefler
Barocius
Mulerius
Fabritius
Licetus
Homelius
Pitiscus
Clavius
Claramonhus
Terra
Hagecius
Blancan
Gruemberger
Cysatus
Curtius
Tannerus
Mutus
Kircher
Morehus
Simpelius
TILI
TATIS
FER
Calarus
Cabeus
Malapertius
Manzinus
Schomberger
IIII OCTANS
V OCTANS
VI OCTANS

Süd-Osten

Meer der Ruhe
(Mare Tranquillitatis)

Nektarmeer
(Mare Nectaris)

Meer der Fruchtbarkeit
(Mare Fecunditatis)

Meer der Ruhe

(Mare Tranquillitatis)

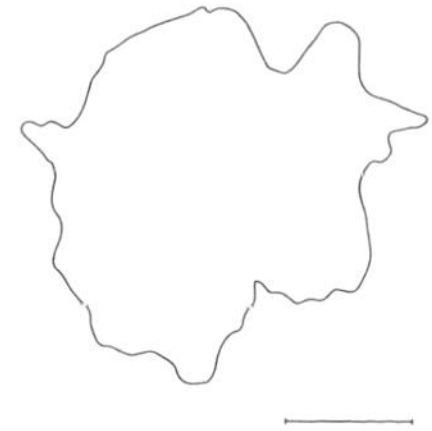

275 km

Ø 875 km | ↓ 2 km | ◇ ca. 4,2 Mrd. Jahre

Beschreibung Das Meer der Ruhe ist ein Ort der Extreme. Es ist ein riesiges, ja scheinbar endloses Gewässer. Das Wasser ist so ruhig, dass sich die helle Sonne gleißend darin spiegelt. Die Temperaturen können innerhalb von Minuten von einem Extrem ins andere wechseln. An Mondtagen ist es sehr heiß und trocken, die Luft flimmert. In der dunklen Mondphase dagegen, ist es eiskalt. Große Sandwüsten mit Dünen umgeben das Meer, soweit das Auge reicht. Gelegentlich sieht man in der Ferne einen Windstoß aufflackern, aber größtenteils ist es windstill. Eine erkennbare Vegetation ist nicht vorhanden. Das Meer ist ein flaches Becken, seicht und salzig, das an den Rändern teils in glitzernde Salzseen ausläuft. Dadurch entstehen Kristallformationen auf den Dünen und Steinen in Ufernähe. Es wirkt so, als würde die ganze Wüste weiß glänzen. Trotz dieser Extreme strahlt das Meer der Ruhe eine bizarre Schönheit aus.

Flora & Fauna Die angrenzenden Wüsten sind ein rauer Ort. Die Sonne brennt erbarmungslos. Pflanzen überleben kaum in dieser unwirtlichen Umgebung. Durch die Hitze verdunstet das Meer und lässt an den seichten Ufern Salzkristalle zurück. Diese Kristalle bilden sich in allen möglichen Formen und Größen und glitzern in der grellen Sonne. Kleine Salinenkrebse schwimmen in den Becken, ihre Bewegungen sind

Plana
Williams
Shuckburgh
Alexander
Grove
Hooke
Cepheus
LACUS
Franklin
Calippus
SOMNIORUM
Maury
Berzelius
Daniell
Hall
Geminus
G. Bond
Debes
Tralles
Sulpicius
Peirce
Manilius
Yerkes
Picard
Lick
Rima
Shapley
Luna 20
Theon Sr.
Theon Jr.
Luna
Saunder
HIPPARCHUS
Hind
Anděl
Ritchey
Crozier
Mc Clure
Geber
Azophi
Rupes
Polybius
FRACASTORIUS
Santbech
Playfair
Fermat
Sacrobosco
Wrottesley
Borda
Altai
Apianus
Pontanus
Weinek
Wilkins
Piccolomini
Rothmann
Reichenbach

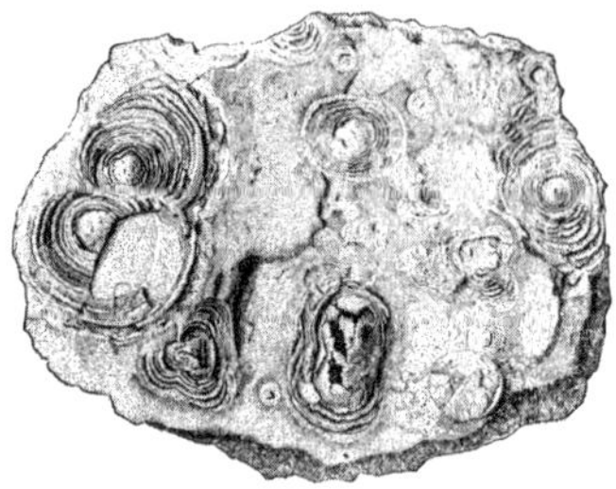

FIG. 37 Salzkristalle bilden sich in den Becken in verschiedenen Formen und Farben aus. Das Wasser lässt weiße kristalline Salzformen zurück. Sandig versteinert bilden sie meist den bruchstückhaften Boden ausgetrockneter Becken.

kaum wahrnehmbar. Sie ernähren sich von den Salzverbindungen im Wasser. ¶ Trotz der extremen Bedingungen gibt es neben den Krebsen im Wasser aber auch an Land kleine Lebewesen. Eidechsen haben sich an das Leben in der Hitze und im Salz angepasst. Sie suchen im Schatten von Steinen und Sandlöchern Schutz vor der Sonne. Als Nahrung dienen ihnen die Salinenkrebse im ruhigen, seichten Wasser, aber auch die Larven der Insekten, die vom *Mare Nectaris* zur Eiablage herüberkommen.

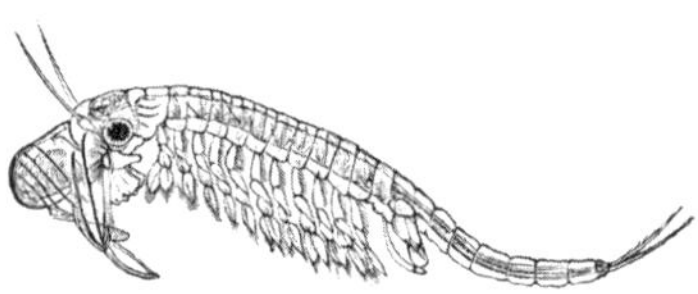

FIG. 38 Salzkrebse sind an stark salzhaltige Umgebungen angepasst. Die Spezies bewegt sich durch schvnelle Bewegungen und Körperschläge.

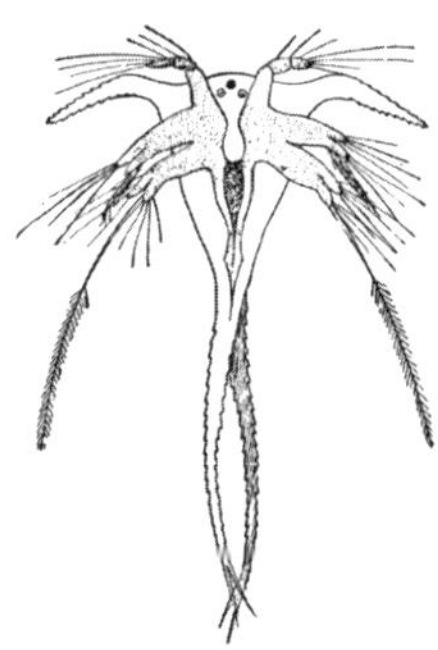

FIG. 39 Der Artenreichtum der Salzkrebse reicht bis zu geißelartigen Tierchen. Diese bewegen sich durch Flimmerhärchen und Drehungen vorwärts.

Besonderheiten Es ist bekannt, dass Insekten zwischen verschiedenen Gebieten wandern, um das richtige Klima für die Fortpflanzung zu finden. Vor allem Insekten, die in tropischfeuchten Regionen wie dem *Mare Nectaris* leben, wandern während der Fortpflanzungszeit oft in heiße, trockene Zonen, wie die Regionen um das Meer der Ruhe. Dieses Klima, sowie der Mangel an Feinden, bieten ideale Bedingungen zur Brutablage. Zu bestimmten Jahreszeiten sind ganze Schwarmwanderungen möglich.

Fig. 40 Wüsteneidechsen sind wechselwarme Reptilien, die die Hitze nutzen, um sich aufzuwärmen. Rückzugsmöglichkeiten sind Sandlöcher und Steine. Sie bilden einen langen Körper aus; die Haut ist lederartig trocken.

Nektarmeer

(Mare Nectaris)

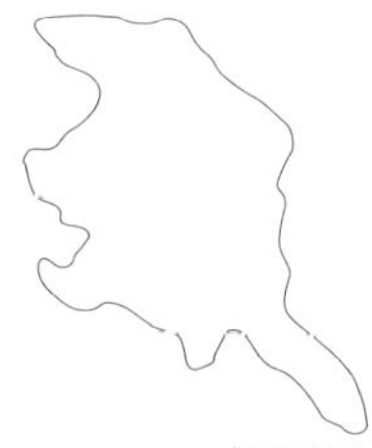

100 km

Ø 340 km | ↓ 2,5 km | ◇ ca. 3,9 Mrd. Jahre

Beschreibung Das *Mare Nectaris* liegt im feuchtwarmen Südosten der Mondscheibe, eingebettet in Berg- und Kraterketten der *Montes Pyrenaeus* und letzten Ausläufern der sandigen Ebenen des *Mare Tranquillitatis*. Es herrscht ein heißes tropisches Klima und die Luftfeuchtigkeit ist fast erdrückend. Dieser Ort ist erfüllt vom Summen der Insekten. Wo man auch hinschaut, sind sie allgegenwärtig – sie flattern und flimmern zwischen den großen, bunten Blüten und Pflanzen. Der teilweise bergige Dschungel zeichnet sich durch großblättrige Pflanzen aus. Man hört das Wasser der kleinen verzweigten Bächlein plätschern, die wie ein feuchtes Netz dem Wald als sanfte Wasserquelle dienen. Flugsand aus den Ebenen des Meeres der Ruhe sorgt für die notwendigen Mineralien.

Flora & Fauna Die Riesenpflanzen sind markant für die bewaldeten Uferzonen des Meeres. Einige von ihnen überragen uns Menschen wie uralte Riesen, ihre gewaltigen Stempel wiegen sich in der feuchten Luft. Die breiten Blätter wirken wie Schirme und spenden nötigen Schatten. Die Blüten der Pflanzen leuchten in verschiedenen Farben und Formen, alle duften nach süßem Nektar. Man sieht förmlich an den kelchartigen Blüten den Nektar heruntertropfen. Dieses eigene kleine Ökosystem an Pflanzen ist bemerkenswert autark. Durch

MARE
Kirchhoff
Debes
Chacornac
Newcomb
MONTES TAURUS
Tralles
CLEOMEDES
Le Monnier
Römer
SERENITATIS
Bessel
Littrow
Macrobius
Tisserand
Sulpicius Gallus
Apollo 17
Peirce
HAEMUS
Yerkes
Manilius
Picard
Lick
Shapley
Rima
Ariadaeus
Luna 20
Theon Sr.
Theon Jr.
Webb
Luna 16
Saunder
Andel
Ritchey
Crozier
Geber
Azophi
Playfair
Apianus
Goodacre
Gemma Frisius
Lindenau
Stiborius
Stevinus
Rabbi Levi
Riccius
Rheita
Busching
Wöhler
Buch
MAUROLYCUS
Metius
Vallis
Young
Nicolai
FABRICIUS

FIG. 41 Die Blüten der Pflanzen können eine beachtliche Größe erreichen. Die Stempel sind markant groß; teilweise geht man von Riesenwuchs aus.

FIG. 42 Staudenartige Pflanzen tragen mit ihren großen Blättern und Blütenständen zur Vielfalt der Vegetation bei und können Fruchtstände bilden.

die Größe bilden viele Pflanzen zwar nur selten ihre prächtigen, schweren Blüten aus, doch jeweils zu verschiedenen Zeiten. Bei Mondnacht rollen sich die Blätter schützend zusammen und die Blütenkelche schließen sich. Hineingeratene Insekten werden vertilgt. Wobei noch nicht belegt ist, welche Pflanzenart hier offiziell als fleischfressend gelten kann. Allerdings scheinen sich einige Pflanzen auch aktiv auf Nahrung hinzu zu bewegen. ¶ Die hiesigen Insekten sind längst nicht alle erforscht. Es sind einfach zu viele, um sie an den Mondtagen zu beschreiben. Libellenähnliche Insekten mit großen Flügeln sind zum Beispiel überall in verschiedenen Varianten zu entdecken – ihre Flügel schwirren und summen. Sie lieben das dichte Unterholz und die großen Blätter. Hier können sie ihre Nester und Rückzugsorte bauen, während der Nektar eine ideale Nahrungsquelle darstellt.

BESONDERHEITEN Es gibt Anzeichen, dass sich in den tropischen Wäldern des *Mare Nectaris* auch fleischfressende Pflanzen entwickelt haben. Ihre Blätter sind oft sehr groß und schwer von den übrigen Pflanzen zu unterscheiden. Doch bewegen sie sich langsam und zielsicher auf jedes Objekt zu, das es riskiert, ihnen zu nahe zu kommen. ¶ Die Vermutungen legen nahe, dass ihre Nahrung mittlerweile nicht mehr nur aus Insekten besteht. Besondere Vorsicht sollte man bei Treibsand – vor allem in der Nähe dieser Pflanzen – walten lassen. Treibsandlöcher werden durch die Kombination aus der feuchten Umgebung mit den kleinen Bächen und dem Flugsand aus den nördlichen Ebenen aufgeschwemmt, und sind unter Laub und Farnen oftmals nur schwer zu erkennen. Wenn man Pech hat, kommt man nicht mehr heraus.

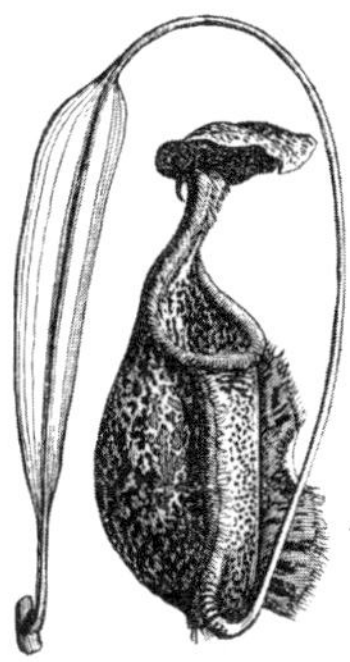

FIG. 43 Kelchartige Blüten locken Insekten mit Nektarduft und farbigen Mustern. Rutschen diese hinein, gibt es keinen Ausweg. Bei Mondnacht schließen sich die Blüten, verdauen die Insekten und halten eine Dunkelheitsstarre.

FIG. 44 Unzählige Insektenarten kommen in den tropischen Wäldern des Nektarmeeres vor. Viele haben lange Flügel und einen langen Körper und können daher den Libellenartigen zugeordnet werden.

Meer der Fruchtbarkeit
(Mare Fecunditatis)

Ø 850 km | ↓ 3 km | ◇ ca. 3,5 Mrd. Jahre

Beschreibung Das Meer der Fruchtbarkeit ist eines der großen Mondmeere und eingerahmt von vielen Kratern, die sich als Gebirgsketten auftürmen. Das tropenähnliche Klima ist sehr warm und schwül. Sogar Früchte gedeihen in dieser Umgebung; die Palmen und der Regenwald sind ein Beweis für die üppige Vegetation und das Wachstum. Die Bäume teilen sich in verschiedene Stockwerke auf, imposant sind die Baumriesen des Hochregenwalds. Von den Hängen der Berge schaukeln dicke Lianen und die grüne, üppige Vegetation ist so dicht, dass sie kaum zu durchdringen ist.

Flora & Fauna Palmen und grüne Bäume bilden ein einzigartiges Ökosystem. Die Palmen wachsen in dichten Hainen, ihre langen Palmenblätter verflechten sich zu einem Dickicht. Die grünen Regenwaldriesen sind höher und ihre Äste breiten sich aus, um einen grünen Baldachin über dem Waldboden zu bilden. Lianen und Schlingpflanzen schmiegen sich an die Berghänge, während Wasserfälle den Wald mit Feuchtigkeit versorgen. ¶ Die langblättrige Palme ist ein wichtiger Teil des Ökosystems des Regenwaldes und bietet vielen Lebewesen Nahrung und Schutz. Sie ist mit ihrem kräftigen Wuchs Bestandteil der mittleren Vegetationsschicht, die in sich aus weiteren Schichten besteht und nur

Berosus
G. Bond
Burckhardt
Kirchhoff
Hahn
Debes
Newcomb
MONTES
TAURUS
Tralles
CLEOMEDES
Delmotte
Römer
Eimmart
MARE
ANGUIS
Macrobius
Tisserand
Littrow
Vitruvius
Hansen
Condorcet
MARE
Sinas
Liouville
Isidorus
Mädler
Kapteyn
Behaim
Legendre
Reichenbach
Snellius
Neander
Stevinus
Adams
Stiborius
Snellius
FURNERIUS
Rheita
Vallis
Wöhler
Fraunhofer
Metius

FIG. Palmengewächse und tropische Blattpflanzen bilden in verschiedenen Stockwerken ein eigenständiges ökologisches System aus. Die Palmenblätter können mehrere Meter lang werden.

bis zu einer gewissen Höhe reicht. ¶ Die Sukkulenten wachsen im untersten Stockwerk; ihre Wurzeln finden Feuchtigkeit im Boden und in den Baumrinden. Sie wachsen langstielig und streben dem Licht entgegen. ¶ Der Waldboden ist feucht und beherbergt viele Spinnen. Gestreifte Spinnen haben sich an den feuchten Lebensraum angepasst und sich Höhlen als Rückzugsorte erkoren. Sie bauen ihre Netze oft in der Nähe von Höhleneingängen, wohin sie sich bei Bedarf

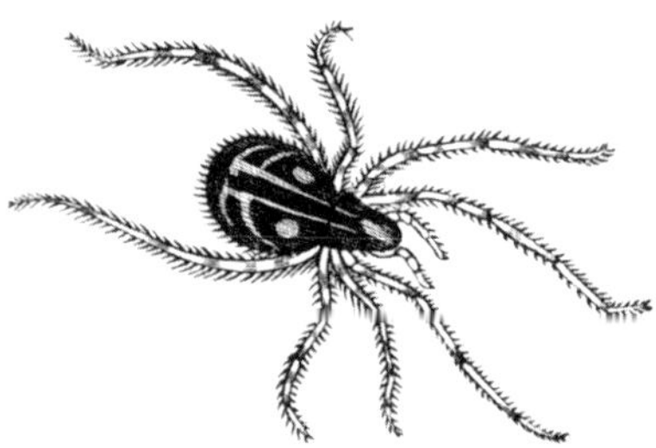

FIG. 46 Die Spinnen können eine beachtliche Größe erreichen und haben eine markante Zeichnung. Ihre Netze bilden zu den Höhlen hin köcherförmige Röhren aus.

schnell zurückziehen können und von dort auf Beute lauern. Abgesehen von ihren Fähigkeiten, Netze zu bauen, sind gestreifte Spinnen auch sehr aggressiv und territorial gegenüber Wasserspinnen, die sie als potenzielle Bedrohung betrachten. Diese haben ihre Reviere direkt um die Wasserfälle und Wasserbecken im Wald herum.

BESONDERHEITEN Das tropische Klima ist ideal für den Anbau und das Wachstum üppiger Vegetation und nahrhafter Früchte. Palmen und Sträucher mit fruchttragenden Knospen wachsen im Schatten und nutzen den verfügbaren Platz und die Nährstoffe optimal aus. Der Reichtum der Natur bietet genügend Nahrung für alle, die hier leben.

FIG. 47 Palmentriebe verschiedener Arten bilden eine Bodenschicht zusammen mit Sukkulenten; mit dicken Wurzeln speichern diese Wasser und filtern Nährstoffe.

FIG. 48 An Regenwaldbäumen und starken Ästen befinden sich Lianen, Schlingpflanzen und *Epiphyten*, welche die Trägerpflanzen für mehr Licht und Wachstum benutzen.

»Der Name ist wahrlich treffend: Es ist unmöglich etwas zu hören – und das Wasser ist so ruhig, dass es wie ein Spiegel wirkt. Die Sonne ist so hell, dass es in den Augen schmerzt; die Salzkonzentration in der Luft lässt die Haut kribbeln.«

Enzo G. Benvolio

über das Meer der Ruhe

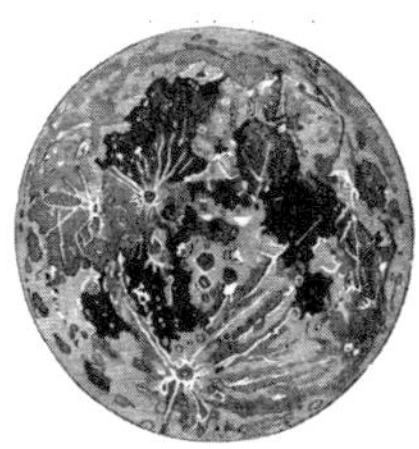

Enzo G. Benvolio
ist ein fiktiver Charakter.
Aufzeichnungen dieser Art
existieren nicht.

Der Autor des Buches hat die
persönlichen Zitate und
die detaillierten Skizzen der
Meere des Mondes und deren
Umgebungen mit Hilfe von
Artificial Intelligence (AI/KI)
digital erstellt und aufbereitet.

Nachwort

— Die Meere des Mondes als lebendige Wasserlandschaft. Eine faszinierende Vorstellung – getragen von der eingangs benannten Herleitung, dass in der frühen Mondforschung des 17. Jahrhunderts den dunklen Flächen des Mondes wirklich maritime Deutungen zugeschrieben wurden.

— Diese Tatsache öffnet die wunderbar philosophische Fiktion, der Mond sei *Lebensraum* und *erweiterte Welt*: Die vereinfachte natürliche Grundlage dafür sind das Vorhandensein von Wasser in uns bekannter Form – Ozeane, Meere, Seen, usw., einer Atmosphäre und Wolken.

— Diese Auslegung ist wohl einer der bedeutsamsten Wunschträume der Menschheit, überlebensfähige Umgebungen außerhalb unserer Erde zu finden. Der Mond steht dabei als Sinnbild: Er ist der uns am nächsten befindliche Himmelskörper und doch zu weit weg, um in unserer Vorstellung greifbar zu sein. Kalt und isoliert – eine andere Welt, ein anderer Traum.

— Was passiert aber, wenn man diesen Traum weiter träumt? Was passiert, wenn man diesen Wunschtraum erfüllt und dem Mond tatsächlich Meere und Wasser zuschreibt? Was wäre, wenn wir uns den Mond als erdähnliche Landschaft vorstellen würden? – Mit seiner wirklichen Struktur, den Kratern, den mit Wasser gefüllten namensgebenden Meeren und verschiedenen Klimazonen durch unterschiedliche Beschaffenheit und Sonnenzeiten.

— Mit diesem fiktiven und verträumten Gedankenspiel entsteht so das künstlerische Narrativ eines längst durch die Forschung widerlegten Betrachtungsansatzes. Das Thema zwischen Forschung im Verlauf der Zeit, bestehender Namensgebung und kreativer Fiktion ergibt so ein Spannungsverhältnis, in welchem sich der Leser in seiner Fantasie, in der Welt des Mondes und den Weiten des (fantastischen) Kosmos verlieren kann. Den besonderen Kontrast ergibt dabei das Zusammenspiel aus beschriebener vergangener Zeit und einem aktuellen Heute: *Artificial Intelligence (AI/KI)* als neues Werkzeug unserer Zeit spielte bei der Erstellung des Narrativs eine wesentliche Rolle und ist maßgeblicher künstlerischer Ansatz: Historische Deutung und wissenschaftliche Aufarbeitung mit den Methoden einer digitalen Welt. Dabei wird künstlerisch das *terrestrische* und *lunare* Verhältnis ausgelotet.

— Der Mond ist umfassend durch die Wissenschaft erforscht und in Büchern weit über die fachorientierte Dokumentation und Erzählung eingeordnet und behandelt. Doch ermöglicht das Zusammenspiel heutiger Technik mit der Fiktion aus fantastischen Elementen und früherer Wissenschaft einen neuen spannenden Rahmen, der so noch nie verwoben wurde. Diese neuen gedanklichen Ansätze erwecken den Mond zum Leben und rücken ihn trotz seiner Entfernung vielleicht doch in greifbare Nähe.

Robert Steinmüller

Index

A

Algen 62
- Algenpartikel 20
- Algenfelder 26
- Kugelalgen 26

Amphibienart 44
artesische Blasen 58

B

Baumriesen 76
Bergketten 18, 46, 60, 72
- Bergrücken 48

Besatzpflanzen 58
biologische Lumineszenz 19
Biotop 48
blaue Höhlen 27

D

Dampfschlote 38
Dauerfrostboden 28
Dschungel 72
Dünen 68

E

Eidechsen 70
Eisschollen 16, 20, 30
Epiphyt 22

F

Farne 56, 58, 75
- Blattfarne 46

Festlandstreifen 60
Feuchtbiotop 48
feuchtes Milieu 56
fjordähnlich 48
Flechten 28, 56, 62
fleischfressende Pflanzen 74
Flugsand 72, 75

G

Gebirgsketten 44, 48, 76
Geißeltierchen 22
Gewitterstürme 60
Grundwasser 58

H

Heuschrecken 40
Hochebene 18
Höhlensysteme 27

I

Inseln 24

K

Käfer 58
Kalzit 42
Kammerstrände 27
tropenähnliches Klima 76
Klippen 24, 28
- Eisklippen 30

Krater 24, 28, 36, 39, 40, 60, 72, 76
Krebse 24
Krill 30
Kristallformationen 68

L

Laubbäume 56
Lava 62
- Lavarücken 44
- Lavaströme 44

Luftfeuchtigkeit 18
Luftmassen 56, 60
Libellen 74
lunare Territorien 50

M

Magma 36
Meeresströmungen 62
Memento Mori 56
Mikroklima 48
Mineralien 36, 38
Mondnacht 74
Mondrotation 56
Mondscheibe 20, 44, 48, 72
Mondtage 74
Moore 56
- Wandermoore 58

Moose 28, 56, 62

N

Nadelgehölze 56
Nadelwälder 18
Naturkräfte 58
Nebelgebiete 56
Nektar 72

O

Ökosystem 18, 50, 72, 76
optische Illusion 30
Ozean 16

P

Palmen 76
Plattenaufrichtung 24
Plattenverwerfungen 27

Q

Quallen 16

R

Rauchsäulen 36
Regenbogenschleier 22
Regengras 22
Regenvorhang 63
Regenwald 76
Regenwaldriesen 76
Riesenpflanzen 72

S

Salamander 44, 50
Salinenkrebse 68
Salzflechten 26
Salzkristalle 68
Salzseen 68
Sandwüsten 68
Schilfzone 40
Schlingpflanzen 76
Schneestürme 20, 28
Schotterebenen 36
Schwärme 16, 30
Schwarmwanderungen 71
Schwebfliegen 38
Schwefel 36, 46
Schwefelschlote 44
Sedimente 43
Seegraswiesen 40, 62
Seegurken 62
Seeigel 62
Seesterne 62
Serpentin 43
Silbermoose 18
Spinnen 78
Strömung 24, 46
Strudel 44
Sukkulenten 76
Sümpfe 56

T

Tausendfüßler 38
Tiergattung 50
Topografie 24
Treibsand 75

U

Unterwasserhänge 25
Unterwasserhöhlen 27
Unterwasserströmungen 27

V

Vergänglichkeit 56

W

Wandermoore 58
Wärmequellen 38
Wasserbarriere 42
Wasserdruck 58
Wasserfälle 48, 79
Wasserschlangen 50
Wasserspinnen 79
Wasserwurzeln 56
Wetterbedingungen 56
Wetterphänomen 22
Wetterzonen 63
Wirbelstürme 16
Wolken 60
– *Cumulonimbus* 60
– *Cumulus* 60
– Gewitterwolken 63
Würmer 58

Bildnachweis

FIG. 01
G. B. RICCIOLI, Map of the Moon from G. B. Riccioli's 1651 ALMAGESTUM NOVUM *(Almagestum Novum, 1651)*

FIG. 02, 06, 13, 39
WINCHELL, ALEXANDER, Sketches of Creation *(New York, NY: Harper & Brothers, 1870)*

FIG. 03, 25
S. G. GOODRICH, Animal Kingdom Illustrated Vol 2 *(New York, NY: Derby & Jackson, 1859)*

FIG. 04
JOSEPH SCHÄK, Drittes Lesebuch *(New York: Fr. Pustet, 1874)*

FIG. 05, 41, 43
WILLIAM DWIGHT WHITNEY, The Century Dictionary, an Encyclopedic Lexicon of the English Language *(New York: The Century Co., 1902)*

FIG. 07, 38, 40
WILLIAM DWIGHT WHITNEY, The Century Dictionary: An Encyclopedic Lexicon of the English Language *(New York, NY: The Century Co., 1911)*

FIG. 08
ARTHUR MEE AND HOLLAND THOMPSON, EDS. The Book of Knowledge (New York, NY: The Grolier Society, 1912)

FIG. 09
WILLIAM DWIGHT WHITNEY, PhD, LLD The Century Dictionary: An Encyclopedic Lexicon of the English Language *(New York, NY: The Century Co., 1895)*

FIG. 10, 17
ASA GRAY, The Elements of Botany for Beginners and for Schools *(New York, Cincinnati, Chicago: American Book Co., 1887)*

FIG. 11
JAMES D. DANA, New Text-book of Geology *(New York: Ivison, Blakeman & Company, 1883)*

FIG. 12, 13
HAZLITT ALVA CUPPY PhD, Editor Beauties and Wonders of Land and Sea *(Springfield, OH: Mast, Crowell & Kirkpatrick, 1895)*

FIG. 14
W. H. DE PUY, The People's Cyclopedia *(New York: Phillips & Hunt: 1881)*

FIG. 15
LOGAN MARSHALL, Ed. International Self-Pronouncing Reference Library (five vols.) *(Philadelphia, PA: International Press, 1911)*

FIG. 16
JOHN B. SMITH, Economic Entomology *(Philadelphia and London: J.B. Lippincott Co, 1896)*

FIG. 17
Appletons' Annual Cyclopedia and Register of Important Events *(New York: D. Appleton and Company, 1886)*

FIG. 18
H. ALLEYNE NICHOLSON, An Introductory Text-book of Zoology *(Edinburgh: William Blackwood and Sons, 1971)*

FIG. 19
J. G. HOLLAND, Scribner's Monthly, An Illustrated Magazine For The People *(New York: Scribner & Co., 1879)*

FIG. 20
The Encyclopedia Britannica, New Werner Edition *(New York, NY: The Werner Company, 1893)*

FIG. 21
F. SCHUYLER MATHEWS, Field Book of American Wild Flowers *(New York, NY: G. P. Putnam's Sons, 1902)*

FIG. 22, 45, 48
L. H. BAILEY, Standard Cyclopedia of Horticulture *(New York, New York: The MacMillan Company, 1917)*

FIG. 23, 27, 28, 35, 42, 47
NICHOLSON, GEORGE, The Illustrated Dictionary of Gardening, Div. VI *(London, England: L. Upcott Gill, 1884)*

FIG. 24
ELLSWORTH D. FOSTER ed., The American Educator (vol. 8) *(Chicago, IL: Ralph Durham Company, 1921)*

FIG. 26
WILLIAM DWIGHT WHITNEY, The Century Dictionary and Cyclopedia: An encyclopedic Lexicon of the English Language *(New York, NY: The Century Co., 1889)*

FIG. 29, 30, 34
BUEL P. COLTON, Zoology: Descriptive and Practical *(Boston: D.C. Heath & Co., 1903)*

FIG. 31
Everybody's Cyclopedia *(New York, NY: Syndicate Publishing Company, 1912)*

FIG. 32
WILLIAM & ROBERT CHAMBERS, Encyclopaedia - A Dictionary of Universal Knowledge for the People *(Philadelphia, PA: J. B. Lippincott & Co., 1881)*

FIG. 33
ELLSWORTH D. FOSTER ed., The American Educator (vol. 7) *(Chicago, IL: Ralph Durham Company, 1921)*

FIG. 36
SARAH COOPER, Animal Life: In The Sea and On The Land *(New York: Harper & Brothers, 1887)*

FIG. 37
AMADEUS W. GRABAU, A Textbook of Geology *(Boston: D.C.Heath & Co., 1920)*

FIG. 44
ELLSWORTH D. FOSTER ed., The American Educator (vol. 3) *(Chicago, IL: Ralph Durham Company, 1921)*

FIG. 46
H. ALLEYNE NICHOLSON, An Introductory Text-book of Zoology *(Edinburgh: William Blackwood & Sons, 1971)*

KARTE HINTERGRUND MONDMEERE
NASA, NASA Lunar Chart, U.S. Defense Mapping Agency LPC-1, 1:10,000,000, *2nd Edition 1979*

KAPITELTRENNER 'MOND'
The World's Book of Knowledge and Universal Educator *(Boston: J.R. Spaulding & Co., 1901)*

»Für die Menschheit ist es ein Traum, die Meere des Mondes zu bereisen und zu erforschen. Viele sagen, dass diese nur eine Illusion sind. Aber die Abenteuer, die man dabei erleben kann, scheinen unglaublich real.«

ENZO G. BENVOLIO
über die Meere des Mondes

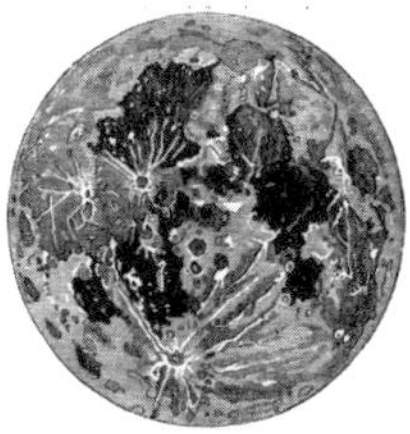

Impressum

Die Inhalte des Buches erheben keinerlei Anspruch auf wissenschaftliche Korrektheit. Sachverhalte, Beschreibungen und Illustrationen sind nach fiktivem Zusammenhang und visueller Ästhetik wiedergegeben.

Unermesslicher Dank gilt meiner Frau Constanze für die Unterstützung im Hintergrund, das Zuhören und ihre unschätzbare Hilfe bei diesem Projekt.

Originalausgabe
1. Auflage, September 2023, Berlin

Alle Rechte vorbehalten
© 2023 Reisedepeschen GmbH, Berlin
reisedepeschen.de
ISBN 978-3-96348-029-4

Konzept, Gestaltung und Satz wurden Robert Steinmüller (www.robertsteinmueller.de) umgesetzt. Passend zum Konzept verfasste er den Text anhand von Prompts und Tonalität mit Hilfe des Textprogramms JasperApp und redigierte den Text selbstständig und sinngebend. Das Lektorat führte Laura Droße durch. Die eingehangenen Bilder wurden mit Hilfe der WomboArt App über Prompts generiert und nachbearbeitet. Die enzyklopädischen Illustrationen sind im Bildverzeichnis katalogisiert.
Als Schrift wurde die Alegreya von Juan Pablo del Peral verwendet. Die Herstellung lag in den Händen von Johannes Klaus. Druck und Bindung nahm PNB Print vor. Gedruckt wurde auf Munken Print Cream, zertifiziert mit dem EU Ecolabel, FSC und Cradle to Cradle bronze; Galerie Art Gloss, FSC- und PEFC zertifiziert, sowie Surbalin, FSC-zertifiziert und cradle-to-cradle-konform. Dieses Buch wurde klimaneutral produziert.

Die Deutsche Nationalbibliothek verzeichnet diese Publikation in der Deutschen Nationalbibliografie; detaillierte bibliografische Daten sind im Internet über http://dnb.dnb.de abrufbar.

Reisedepeschen ist ein klimaneutraler Verlag:
climatepartner.com/15175-2010-1001